Antonio Jaímez

Triunfa en Kindle

Cómo escribir y Publicar con Éxito en KDP.

Este libro tiene como único propósito proporcionar información general y no debe considerarse como asesoramiento legal, financiero, médico o profesional de ningún tipo. El contenido de este libro es proporcionado únicamente con fines educativos e informativos y no garantiza la exactitud, integridad o aplicabilidad de la información presentada.

El autor y el editor no se hacen responsables de cualquier acción tomada por el lector basada en la información contenida en este libro. Se recomienda a los lectores que consulten a profesionales adecuados antes de tomar decisiones o actuar en función de la información presentada en este libro.

El autor y el editor de este libro han realizado esfuerzos razonables para garantizar la exactitud y fiabilidad de la información proporcionada en este libro. Sin embargo, no se garantiza la exactitud ni la integridad de la información contenida en este libro. El autor y el editor no asumen ninguna responsabilidad por cualquier error u omisión en el contenido, así como por cualquier pérdida, daño o perjuicio que pueda resultar del uso de la información en este libro.

Todas las marcas registradas, marcas de servicio, nombres comerciales, nombres de productos y logotipos que aparecen en este libro son propiedad de sus respectivos titulares. El uso de tales marcas registradas, marcas de servicio, nombres comerciales, nombres de productos y logotipos no implica ninguna afiliación, patrocinio, respaldo o relación con el autor y el editor de este libro. Los titulares de las marcas no asumen responsabilidad alguna por el contenido de este libro.

Todos los derechos están reservados. Ninguna parte de este libro puede ser reproducida, almacenada en un sistema de recuperación de información, transmitida en cualquier forma o por cualquier medio, electrónico, mecánico, fotocopiado, grabado o de otro modo, sin el permiso previo por escrito del titular de los derechos de autor.

Estimado lector, puedes ganarte un cheque regalo Amazon al dejar tu opinión sobre este libro a través del siguiente código QR, o usando este enlace:

https://bit.ly/antoniojaimezes-7

Prefacio: ------ 6

Capítulo 1: El Arte de la Autoedición: Derribando Mitos ------ 8

Capítulo 2: Diseñando tu Experiencia de Autor en KDP ------ 16

Capítulo 3: Encontrando Tu Voz Única: El Núcleo de tu Bestseller ---- 23

Capítulo 4: Estructurando Tus Ideas: El Esqueleto de tu Historia ------ 31

Capítulo 5: De Palabras a Páginas: Técnicas Efectivas de Escritura ---- 37

Capítulo 6: La Magia del Primer Borrador: Permitiéndote Errar -------- 44

Capítulo 7: Correcciones y Edición: La Belleza en los Detalles ---------- 51

Capítulo 8: Formato y Diseño del Libro: Vistiendo tu Obra para el Éxito ------ 58

Capítulo 9: La Portada Perfecta: El Rostro de tu Bestseller ------ 66

Capítulo 10: Eligiendo Títulos Atractivos: La Primera Impresión que Cuenta ------ 73

Capítulo 11: La Descripción que Vende: Seduce a Tus Lectores en Unos Pocos Párrafos ------ 81

Capítulo 12: El Poder de las Palabras Clave: Descubre cómo los Lectores te Encontrarán ------ 88

Capítulo 13: Creando Tu Autor Branding: Construye tu Identidad y Credibilidad ------ 95

Capítulo 14: Usando las Herramientas KDP: Haz que el Sistema Trabaje para Ti ------ 102

Capítulo 15: Publicando Tu Primer Libro en KDP: Un Paso a Paso Detallado ------ 109

Capítulo 16: Precios y Royalties: Maximizando Tus Beneficios ------ 116

Capítulo 17: Expandiendo tus Horizontes: Ventajas de la Publicación Multiformato --- 123

Capítulo 18: El Lanzamiento Exitoso: Estrategias para Impactar en el Mercado --- 130

Capítulo 19: Cómo Conectar con Tus Lectores: Creando Tu Comunidad --- 137

Capítulo 20: Generando Reseñas Positivas: El Secreto del Efecto Bola de Nieve --- 144

Capítulo 21: El Poder del Marketing de Contenido: Atrayendo Lectores con Valor Adicional --- 150

Capítulo 22: Estrategias de Promoción Efectivas: Consejos para Vender Más y Mejor --- 157

Capítulo 23: Tus Libros son tu Negocio: Mantén la Mentalidad Correcta --- 164

Capítulo 24: Errores Comunes en KDP y Cómo Evitarlos: Aprende de los Tropezones de Otros --- 171

Capítulo 25: La Jornada del Autor Exitoso: Manteniendo la Inspiración y la Consistencia --- 178

Despedida: Un Último Consejo: El Camino del Escritor es un Viaje, No un Destino --- 185

Un último favor --- 187

Prefacio:

¡Hola! Soy Antonio Jaimez y estoy sinceramente emocionado de tenerte aquí, al inicio de esta extraordinaria aventura. Quiero comenzar con un agradecimiento genuino por haber escogido este libro. Tu decisión, sin lugar a dudas, es un claro indicativo de tu compromiso con la escritura, la autoedición y tu camino hacia el éxito en el mundo de la publicación de libros. Permíteme asegurarte, has tomado una decisión sabia e inteligente.

Como un apasionado escritor y profesional experimentado en la publicación de Kindle Direct Publishing (KDP), conozco los retos que podemos enfrentar al navegar por este vasto y a veces desconcertante mundo de la autoedición. Este libro es mi manera de compartir contigo las experiencias, las estrategias, los triunfos y, sí, incluso los fracasos que me han llevado a donde estoy hoy.

Juntos desmitificaremos el arte de la autoedición, y te ayudaré a encontrar tu voz única. Exploraremos estrategias efectivas de escritura y te guiaré en el diseño y formato de tu libro. Te mostraré cómo crear la portada perfecta y elegir un título atractivo que invite a los lectores a sumergirse en tus páginas.

Entraremos en detalles sobre la descripción que vende, y discutiremos cómo utilizar palabras clave para asegurar que los lectores te encuentren. Hablaremos sobre la importancia de establecer una marca de autor y cómo usar las herramientas que KDP proporciona para optimizar tu éxito. Te guiaré a través del proceso de publicación de tu primer libro en KDP, y discutiremos cómo maximizar tus beneficios a través de estrategias inteligentes de precios y royalties.

Abordaremos estrategias de promoción efectivas y te daré consejos valiosos para generar reseñas positivas y construir tu comunidad de lectores. Analizaremos los errores comunes y cómo evitarlos para mantener tu camino al éxito sin obstáculos innecesarios. Y, sobre todo, te ayudaré a mantener la inspiración y la consistencia en tu viaje como autor.

Permíteme asegurarte, al final de este viaje, no solo estarás más capacitado para navegar por el mundo de la autoedición, sino que también experimentarás un crecimiento personal y emocional. La escritura y la publicación no son solo acerca de producir y vender libros; es un camino de autodescubrimiento y autorealización. Con cada palabra que escribes y cada libro que publicas, te expresas a ti mismo y compartes un pedazo de tu alma con el mundo.

Por lo tanto, te animo a seguir adelante, a devorar cada capítulo y a aplicar lo que aprendas. Esta es tu aventura y estoy emocionado de ser parte de ella. No hay mejor momento para comenzar que ahora, así que vamos, el viaje está a punto de comenzar.

Con cariño, Antonio Jaimez

Capítulo 1: El Arte de la Autoedición: Derribando Mitos

Hola, querido lector, y bienvenido a nuestro primer paso juntos en esta travesía hacia el mundo de la autoedición. Al igual que tú, he estado ahí, al borde del abismo, preguntándome cómo podría hacerlo, si podría hacerlo. Y me complace decirte que sí, puedes hacerlo. Pero, ¿por qué es tan crucial este tema? ¿Por qué deberías tomar en serio la autoedición?

La respuesta es simple y a la vez profunda. La autoedición te ofrece un control total sobre tu obra, desde la primera palabra hasta la última, y todo lo demás. Te permite ser el dueño total de tu viaje creativo, conservando los derechos, determinando la portada, el diseño, el precio, y más importante aún, la historia misma. Pero, para poder ejercer este control con maestría, debemos derribar algunos mitos que pueden haber construido un muro entre tú y tu éxito como autor autopublicado.

Quizás el mito más común sea que la autoedición es un camino fácil, una especie de autopista hacia el éxito de ventas y la fama. Aunque la tecnología ha hecho la autoedición más accesible que nunca, aún requiere trabajo duro, paciencia y un compromiso constante con el aprendizaje y el crecimiento. Al igual que cualquier otra disciplina, la autoedición es un arte. Y como en cualquier arte, se necesita práctica y paciencia para dominarlo. ¿Estás dispuesto a invertir tiempo y esfuerzo en perfeccionar este arte?

Otro mito que suele aparecer es que los libros autoeditados son de menor calidad que los publicados tradicionalmente. Aunque este puede haber sido el caso en el pasado, hoy en día es completamente falso. ¿Sabías que "El Alquimista", el famoso libro de Paulo Coelho, se autoeditó después de que varios editores decidieran no publicarlo? Publicado por primera vez en 1988, este libro ha vendido más de 65 millones de copias y ha sido traducido a 80 idiomas, convirtiéndose en uno de los libros más traducidos del mundo.

Esto nos muestra que la calidad de un libro no está determinada por cómo se publica, sino por el valor que ofrece a sus lectores. ¿Estás dispuesto a ofrecer un valor excepcional a tus lectores?

Un tercer mito que debemos derribar es que los autores autoeditados no pueden ganarse la vida con su escritura. Esto está muy lejos de la realidad. Existen numerosos ejemplos de autores que, a través de su dedicación, perseverancia y una efectiva estrategia de marketing, han logrado ganar más que una vida decente. Piensa en EL James con su saga "Cincuenta Sombras de Grey", que comenzó como una obra de fanfiction autoeditada antes de convertirse en una sensación mundial.

Por supuesto, estos autores no son la norma, pero son una prueba viviente de que es posible. ¿Estás listo para creer en las infinitas posibilidades que ofrece la autoedición?

Estos son solo algunos de los mitos que rodean al mundo de la autoedición. Pero, al igual que cualquier otra leyenda, una vez que se revela la verdad, se desvanecen, dejan espacio para la luz de la verdad.

Pero no solo en la actualidad encontramos ejemplos de éxito en la autoedición. ¿Has oído hablar de Mark Twain? Sí, el mismo Mark Twain que nos regaló "Las Aventuras de Tom Sawyer" y "Las Aventuras de Huckleberry Finn". Frustrado con su editorial, decidió tomar el control y autoeditó "Las Aventuras de Tom Sawyer". Este audaz movimiento no solo le valió la total propiedad de su obra, sino que también marcó un hito en la historia de la autoedición.

Ahora bien, es importante destacar que la autoedición no es una decisión que deba tomarse a la ligera. Al igual que un capitán al mando de su nave, debes estar dispuesto a aprender y adaptarte constantemente. Pero recuerda, siempre tendrás a tu lado a los gigantes de la literatura, como Twain, Coelho y tantos otros, cuyas experiencias pueden servirte de faro en tu camino.

¿Y qué hay del mundo digital? Aquí también encontramos autores cuyo éxito se ha forjado en la forja de la autoedición. Veamos a Hugh Howey, por ejemplo. Este autor de ciencia ficción lanzó su novela "Wool" en Amazon Kindle Direct Publishing, desde donde saltó a la fama y logró vender los derechos cinematográficos de su obra.

Sí, la autoedición es un camino que puedes tomar para dar vida a tu voz única y compartirla con el mundo. Pero, como con cualquier viaje, debes prepararte y armarte con las herramientas y habilidades adecuadas para navegar en las aguas a veces turbulentas de este vasto océano.

Y aquí estamos, en este preciso momento, dispuestos a acompañarte en cada paso de tu viaje. Juntos, desentrañaremos los misterios, desmantelaremos los mitos y construiremos una ruta clara hacia tu destino. Pero para ello, necesitamos tu compromiso. ¿Estás dispuesto a desafiar los mitos, a aprender, a crecer, a ser audaz y a dar el salto hacia el inexplorado mundo de la autoedición?

Estoy seguro de que sí. Y es que has demostrado, al decidir embarcarte en este viaje con este libro en tus manos, que estás listo para asumir el reto. Como dice una antigua proverbio chino: "El viaje de mil millas comienza con un solo paso". Y este, querido lector, es tu primer paso.

Por lo tanto, te animo a seguir adelante, a continuar este viaje que acabamos de comenzar juntos. Vamos a seguir derribando mitos, desentrañando las complejidades de la autoedición y descubriendo la belleza y el poder que tiene en tus manos. Después de todo, como dijo una vez el famoso escritor estadounidense Ralph Waldo Emerson, "Nada puede traerle paz excepto tú mismo". Así que, amado lector, vamos a por ello. Vamos a encontrar nuestra paz y nuestro poder en el maravilloso mundo de la autoedición. ¿Estás listo para seguir adelante?

¿Estás listo para seguir adelante? Excelente, avancemos juntos.

¿Alguna vez has oído hablar de Amanda Hocking? Probablemente su nombre te suene, y no es para menos. Amanda es una de las estrellas de la autoedición digital. Esta joven escritora estadounidense, autora de numerosas novelas de fantasía, logró convertirse en millonaria gracias a la autoedición. Cuando las editoriales tradicionales rechazaron sus manuscritos, decidió no rendirse y publicó sus novelas en Kindle Direct Publishing. Sus libros se vendieron como pan caliente y, en menos de dos años, Amanda vendió más de un millón de copias y ganó dos millones de dólares.

¿Te parece increíble, verdad? Y es que, amado lector, esto es lo que la autoedición puede hacer por ti. Pero, claro, hay una pregunta que debes estar haciéndote: ¿Cómo lo logró? ¿Cuál es el secreto de Amanda Hocking y de todos aquellos autores exitosos que decidieron tomar las riendas de su destino y autoeditar sus obras?

La respuesta es sencilla y, a la vez, profundamente compleja: es el trabajo duro, la constancia, la dedicación y, sobre todo, la pasión por lo que hacen. Porque, en el fondo, eso es lo que realmente importa. Tu pasión, tu deseo de compartir tus ideas y tus historias con el mundo, es el combustible que te mantendrá en marcha en este viaje.

Pero no te engañes, la autoedición no es un camino de rosas. Habrá obstáculos, habrá momentos de duda, habrá ocasiones en las que te sientas perdido y tentado a rendirte. Pero quiero que recuerdes algo: todos los autores que mencioné antes, y muchos otros que no mencioné, se enfrentaron a los mismos desafíos. Y los superaron. Y tú también puedes hacerlo.

La autoedición te proporciona las herramientas para convertirte en el capitán de tu destino, para tomar el control de tu obra y de tu carrera literaria. Pero esas herramientas no sirven de nada si no las usas. Por eso, quiero invitarte a que te comprometas con este viaje, a que te atrevas a explorar este fascinante mundo y a descubrir todas las posibilidades que te ofrece.

Porque, en el fondo, eso es lo que es la autoedición: un mundo de posibilidades. Un mundo en el que tú, y solo tú, tienes el control. Un mundo en el que puedes ser tú mismo, expresarte libremente y compartir tus ideas y tus historias con millones de lectores en todo el mundo. ¿No te parece emocionante?

Así que, amado lector, te invito a que sigas adelante. A que sigas explorando, aprendiendo y creciendo en este apasionante viaje. Porque estoy seguro de que, si te lo propones, puedes alcanzar las estrellas. ¿Estás listo para seguir adelante? ¿Estás listo para descubrir todo lo que la autoedición puede hacer por ti? ¿Estás listo para convertirte en el capitán de tu destino y crear tu propio bestseller? Si la respuesta es sí, entonces estás listo para el siguiente paso de este viaje. Pero antes, hagamos una pequeña pausa y repasemos lo que hemos aprendido en este primer capítulo.

La autoedición, como hemos descubierto, no es un mito, ni una utopía inalcanzable. Es una realidad, una vía alternativa a la publicación tradicional, que permite a los autores como tú y como yo, tomar el control de nuestra obra y nuestro destino. Un camino que, aunque plagado de desafíos, está lleno de oportunidades y recompensas.

Hemos conocido a autores como Amanda Hocking y Michael J. Sullivan, quienes, armados de coraje y determinación, decidieron tomar las riendas de su carrera literaria y lanzarse al fascinante mundo de la autoedición, consiguiendo un éxito inimaginable. Sus historias son inspiradoras, cierto, pero lo más importante es que nos demuestran que es posible. Que si ellos pudieron, tú también puedes.

¿Recuerdas cuando te pregunté si estabas listo para emprender este viaje? Bueno, si has llegado hasta aquí, creo que la respuesta es un rotundo sí. Has demostrado tu interés, tu compromiso y tu valentía. Has dado el primer paso en este apasionante camino y estoy seguro de que estás ansioso por seguir adelante.

Y eso es precisamente lo que haremos en el siguiente capítulo. En "Diseñando tu Experiencia de Autor en KDP", profundizaremos en el fascinante mundo de Kindle Direct Publishing. Descubrirás las increíbles herramientas que esta plataforma pone a tu disposición y cómo puedes utilizarlas para crear, publicar y promocionar tu obra. Te daré consejos y trucos que te ayudarán a maximizar tu experiencia en KDP y a sacarle el mayor provecho posible.

Porque al final, eso es lo que queremos, ¿no es así? Queremos compartir nuestras historias, nuestras ideas, nuestros sueños, con el mundo. Queremos que nuestros libros sean leídos, apreciados, amados. Queremos, en resumen, ser autores exitosos. Y con la autoedición, eso es más posible que nunca.

Así que, querido lector, te invito a que sigas adelante, a que sigas explorando, aprendiendo, creciendo. Te invito a que sigas soñando, a que sigas creyendo, a que sigas luchando. Porque estoy seguro de que, si te lo propones, puedes alcanzar las estrellas.

¿Estás listo para seguir adelante? ¿Estás listo para descubrir todo lo que KDP puede hacer por ti? ¿Estás listo para convertirte en el capitán de tu destino y crear tu propio bestseller? Si la respuesta es sí, entonces nos vemos en el próximo capítulo. Te aseguro que será una aventura inolvidable.

Capítulo 2: Diseñando tu Experiencia de Autor en KDP

Bienvenido al siguiente paso de nuestro viaje juntos. Si estás aquí, significa que ya has decidido embarcarte en la emocionante travesía de la autoedición, que estás dispuesto a explorar las posibilidades ilimitadas que ofrece este mundo. Pero ¿por dónde empezamos? ¿Cómo diseñamos nuestra experiencia de autor en KDP?

Te sorprendería saber que muchas veces, los autores se lanzan a la autoedición sin realmente entender el mundo en el que están entrando. Y tú, mi amigo, eres diferente. No estás aquí para ser uno más. Estás aquí para destacar. Y es por eso que estamos empezando por el principio. Porque diseñar tu experiencia de autor en KDP es mucho más que simplemente subir un archivo a una plataforma y hacer clic en "publicar". Es construir una sólida base sobre la que crecerá tu carrera literaria.

¿Por qué es importante entender y diseñar tu experiencia de autor en KDP? Por la misma razón por la que un arquitecto debe entender los cimientos antes de construir un rascacielos. Sin un entendimiento sólido de cómo funciona KDP, es fácil sentirse abrumado y perdido. Pero no te preocupes, aquí estamos para evitar eso.

Empezaremos entendiendo qué es exactamente KDP. Kindle Direct Publishing, o KDP, es la plataforma de autoedición de Amazon, la empresa de comercio electrónico más grande del mundo. Pero KDP no es solo una plataforma para subir tu libro y esperar a que la magia ocurra. Es una herramienta poderosa que, cuando se utiliza de manera efectiva, puede catapultar tu carrera de escritor al siguiente nivel.

¿Has escuchado hablar de Hugh Howey? Seguro que sí. Este escritor estadounidense es famoso por su serie de ciencia ficción "Wool" (2011). ¿Sabías que Howey publicó su obra inicialmente a través de KDP? Sí, así es. Y no sólo logró capturar la atención de miles de lectores alrededor del mundo, sino que consiguió un contrato con Simon & Schuster para la distribución en librerías físicas, mientras mantenía sus derechos digitales y continuaba vendiendo a través de KDP.

Esas son las oportunidades que KDP puede abrir para autores como tú y yo. ¿No te parece emocionante? Ahora bien, no me malinterpretes. No estoy diciendo que todos los que usan KDP terminarán consiguiendo un contrato con una gran editorial como Howey. Pero lo que sí estoy diciendo es que KDP te da la oportunidad de alcanzar a lectores en todo el mundo, de tener control total sobre tu trabajo y de ganar royalties que son mucho más generosos que los que normalmente ofrecen las editoriales tradicionales.

Entonces, ¿qué esperas? ¿Estás listo para explorar el vasto universo de posibilidades que KDP tiene para ofrecer? ¿Estás dispuesto a sumergirte en el mar de opciones y encontrar las que mejor se adapten a tus necesidades y objetivos como autor? Si la respuesta es sí, entonces estamos listos para comenzar.

Sí, amigo mío, el viaje que tenemos por delante es emocionante, lleno de descubrimientos y aprendizajes. Pero, ¿estás dispuesto a recorrerlo con determinación y valentía? ¿Estás preparado para enfrentarte a los desafíos y sortear los obstáculos que se presenten en el camino? Porque, créeme, los habrá. Pero, ¿acaso no es eso lo que hace que la victoria sea aún más dulce?

Ahora, vamos a profundizar en cómo podemos diseñar tu experiencia de autor en KDP para que te beneficies al máximo de las oportunidades que ofrece. En esta travesía no estamos solos. Tenemos a nuestro lado a numerosos autores que han navegado por estas mismas aguas y que han dejado una estela de sabiduría y conocimientos para que los sigamos. Así que, ¿por qué no aprovechamos las experiencias de otros para allanar nuestro camino?

David Gaughran, en su libro "Let's Get Digital: How To Self-Publish, And Why You Should" (2011), destaca la importancia de entender la plataforma en la que te encuentras. Según Gaughran, la mayor ventaja de KDP radica en la visibilidad que Amazon puede ofrecer a los autores independientes. Dado que Amazon es la librería online más grande del mundo, esta visibilidad puede marcar una gran diferencia en tu carrera como escritor.

Sin embargo, como bien nos advierte Gaughran, no basta con subir tu libro a KDP y esperar a que los lectores lleguen por arte de magia. Se requiere esfuerzo, planificación y una estrategia bien elaborada. La visibilidad en Amazon, según Gaughran, está estrechamente ligada a factores como las ventas, las reseñas de los lectores y la adecuada utilización de las palabras clave. ¿Te estás preguntando cómo puedes optimizar estos factores? Bueno, eso es precisamente lo que vamos a explorar en los próximos capítulos.

Amanda Hocking, otra autora de éxito en KDP y famosa por su serie de libros "Trylle Trilogy" (2010), nos ofrece otro consejo valioso. En una entrevista con USA Today en 2011, Hocking nos recuerda la importancia de la calidad. Asegúrate de que tu libro esté bien escrito, bien editado y con una portada atractiva. Piensa en esto: cuando los lectores buscan un libro en Amazon, lo primero que ven es la portada. Si la portada no es atractiva, es posible que ni siquiera lleguen a leer la sinopsis de tu libro, y mucho menos a comprarlo.

La experiencia de Hocking también destaca la importancia de la paciencia y la persistencia. Hocking publicó varios libros en KDP antes de lograr su gran éxito. Así que, si tu primer libro no se convierte en un éxito instantáneo, no te desesperes. Recuerda que la carrera de un escritor no es un sprint, sino una maratón.

Con todo esto en mente, mi querido lector, te invito a reflexionar: ¿Estás dispuesto a invertir tiempo y esfuerzo en diseñar tu experiencia de autor en KDP? ¿Estás dispuesto a aprender, a experimentar, a persistir.

Y con eso en mente, entramos más profundamente en el corazón de este asunto, explorando la esencia de la experiencia de autor en KDP. Te preguntarás, querido amigo, ¿qué se siente al embarcarse en esta emocionante travesía? ¿Cómo es realmente la experiencia de ser un autor publicando en KDP?

Echemos un vistazo a la experiencia de Mark Dawson, el exitoso autor de la serie "John Milton" (2013). Dawson nos recuerda en múltiples entrevistas que uno de los aspectos más atractivos de KDP es la libertad que ofrece a los autores. A diferencia de la publicación tradicional, en KDP tú tienes el control total sobre tu obra. Tú decides cuándo y cómo se publica tu libro. Tú decides el precio. Tú decides cómo se promociona. Es como ser el capitán de tu propio barco, navegando por las vastas aguas del océano literario. Pero también recuerda, con gran libertad viene gran responsabilidad.

¿Puedes imaginarlo? ¿Puedes sentir la brisa del océano en tu rostro, el timón firme en tus manos, el horizonte infinito frente a ti? ¿Puedes oír el susurro del viento, susurrándote historias y aventuras por descubrir? ¿Puedes ver las infinitas posibilidades que se extienden ante ti?

Ahora, piensa en la siguiente pregunta: ¿Qué tipo de capitán quieres ser? ¿Quieres ser el tipo de capitán que navega sin rumbo, dejándose llevar por el viento y las corrientes, sin un destino fijo? ¿O quieres ser el tipo de capitán que tiene una ruta trazada, un destino claro en mente, y que está dispuesto a hacer lo necesario para llegar allí?

Joanna Penn, autora de éxito y fundadora de The Creative Penn, ofrece una valiosa perspectiva en su libro "How to Market a Book" (2013). Según Penn, el marketing es una parte integral de la experiencia de ser un autor de KDP. No puedes simplemente publicar tu libro y esperar a que los lectores lo descubran por sí mismos. Tienes que salir allí y decirle al mundo sobre tu libro. Tienes que entusiasmar a los lectores, despertar su curiosidad, y convencerlos de que tu libro vale la pena su tiempo y su dinero.

¿Qué te parece? ¿Te parece desalentador, o emocionante? ¿Estás dispuesto a asumir el desafío?

Ahora, permíteme darte un ejemplo concreto de cómo puedes hacer esto. Imagina que acabas de publicar un libro de fantasía épica en KDP. ¿Cómo puedes promocionarlo? ¿Cómo puedes despertar el interés de los lectores en tu libro?

Podrías empezar por definir a tu público objetivo. ¿A quién está destinado tu libro? ¿Qué tipo de lectores disfrutarán de tu libro? Una vez que tengas una idea clara de tu público objetivo, podrías pensar en formas creativas de llegar a ellos. Por ejemplo, podrías considerar la posibilidad de colaborar con bloggers o vloggers que se especialicen en libros de fantasía épica. Podrías ofrecerte a hacer una entrevista con ellos, o tal vez podrías ofrecer una copia de tu libro para que lo reseñen. La idea es que su público, que probablemente esté interesado en tu género, pueda conocer tu obra.

Además, podrías aprovechar las redes sociales para conectar con los lectores. ¿Has pensado en crear un perfil de autor en Instagram, Facebook o Twitter? Podrías compartir fragmentos de tu libro, hablar sobre tu proceso de escritura o simplemente interactuar con tus seguidores.

Por supuesto, no olvides la importancia de las reseñas. ¿Sabías que una buena cantidad de reseñas positivas puede impulsar significativamente la visibilidad de tu libro en Amazon? Por eso, es crucial que animemos a nuestros lectores a dejar sus opiniones honestas. Podrías considerar enviar copias de revisión a lectores de confianza, o incluso organizar un concurso de reseñas.

A medida que avanzas en esta apasionante aventura, notarás que las estrategias de marketing para tu libro en KDP pueden ser tan creativas e innovadoras como tu propia escritura. Aprovecha cada oportunidad, cada recurso a tu alcance para dar a conocer tu obra.

Ahora, querido lector, es hora de prepararnos para la siguiente etapa de nuestro viaje. En el próximo capítulo, vamos a explorar de manera más detallada cómo puedes utilizar KDP para maximizar tu visibilidad en Amazon. Profundizaremos en el uso de palabras clave, cómo aprovechar al máximo el algoritmo de Amazon y cómo diseñar una portada de libro atractiva que capte la atención de los lectores.

Pero, más que nada, espero que te quedes con la sensación de que esta aventura está diseñada a tu medida. En KDP, tienes el poder de hacer de tu viaje de escritor lo que quieras que sea. Te animo a que explores, que experimentes, que aprendas y que disfrutes de cada paso en este emocionante viaje.

Así que, ¿estás listo para dar el siguiente paso? ¿Estás listo para sumergirte en el fascinante mundo de la autopublicación con KDP? Si la respuesta es sí, entonces prepárate para el viaje de tu vida. Te aseguro que será un viaje que no olvidarás.

Ahora, pasemos al siguiente capítulo y veamos cómo puedes, con la ayuda de las herramientas que KDP ofrece, escalar en este emocionante mundo de la autopublicación. ¡Te espero allí!

Capítulo 3: Encontrando Tu Voz Única: El Núcleo de tu Bestseller

¿Te has detenido alguna vez a pensar en lo que hace que un libro, una canción, una película, realmente resuene en tu interior? ¿Por qué ciertas historias parecen hablar directamente a tu corazón, mientras que otras, aunque bien escritas, bien interpretadas, bien filmadas, no logran hacer lo mismo? Seguramente te habrás dado cuenta de que no es solo la trama, los personajes o los giros de la historia los que nos capturan, sino algo más profundo, algo más sutil: la voz única del autor.

Encontrar tu voz única como escritor es uno de los viajes más emocionantes, desafiantes y gratificantes en los que te embarcarás. No es algo que pueda ser enseñado en un curso, ni algo que pueda ser clonado de tus autores favoritos. Es un tesoro escondido dentro de ti, esperando a ser descubierto y liberado al mundo.

Ahora, antes de continuar, quiero hacer una pausa aquí para preguntarte: ¿qué crees que significa encontrar tu voz única como escritor? Y aún más importante, ¿por qué crees que es vital para el éxito de tu libro?

Voy a darte un momento para que reflexiones sobre eso.

...

¿Ya lo tienes? Bien, veamos.

Encontrar tu voz única como escritor significa descubrir la forma única en que percibes el mundo, y luego aprender a expresar esa percepción en tus palabras. Significa entender tus valores, tus creencias, tus miedos y tus esperanzas, y luego plasmarlos en tu escritura de una manera que sea auténtica y verdadera para ti.

La voz única de un escritor es como su huella dactilar literaria. Es la forma en que presentas tus ideas, la elección de palabras que haces, la manera en que describes los escenarios y los personajes, la forma en que tejes la trama y las emociones, y finalmente, la manera en que conectas con tus lectores. Es un elemento vital para tu éxito como escritor porque es lo que te distingue de otros autores. Es lo que hace que tus lectores vuelvan una y otra vez a tus libros, ansiando más de tus palabras, más de tus ideas, más de tu mundo.

Y hablando de mundos, ¿alguna vez te has preguntado cómo J.K. Rowling logró crear el universo mágico de Harry Potter? ¿O cómo Gabriel García Márquez pudo sumergirnos en la fantástica realidad de Macondo en "Cien Años de Soledad" (1967)? ¿O cómo George R.R. Martin nos hizo vivir y sentir el épico y brutal mundo de "Canción de Hielo y Fuego" (1996-)?

No se trata solo de una brillante imaginación o de una hábil construcción de mundos. Estos autores lograron conectar con millones de lectores en todo el mundo porque cada palabra, cada frase, cada página de sus libros llevaba impresa su voz única.

Así que, querido lector, ¿estás listo para embarcarte en este emocionante viaje para descubrir y liberar tu voz única como escritor? Estoy aquí para acompañarte en cada paso del camino, para guiarte a través de los altibajos, y para mostrarte cómo otros antes que tú han encontrado su voz única y cómo la tuya puede resplandecer igual de brillante.

Permíteme citar a Flannery O'Connor, una de las más notables escritoras estadounidenses del siglo XX, famosa por sus cuentos llenos de ironía y gracia. En su ensayo "The Nature and Aim of Fiction" (1961), O'Connor escribe: "Cada escritor tiene, en realidad, su propio idioma... una lengua que se le da a cada uno de nosotros para escuchar, y si somos fieles a ella, se nos revelará y se desarrollará en nosotros." Me encanta esta cita porque, en pocas palabras, nos recuerda que nuestra voz única ya está dentro de nosotros, esperando ser escuchada y perfeccionada.

Y la forma en que escuchamos y perfeccionamos nuestra voz única no es otra que escribiendo. Sí, escribiendo. ¿Recuerdas esa sensación de mirar la página en blanco y sentirte aterrorizado, sin saber por dónde empezar? Bueno, esa página en blanco es, de hecho, tu mejor amiga. Porque es en la página en blanco donde tú y solo tú tienes el control. Es allí donde tu voz puede encontrar un lugar para resonar.

Por lo tanto, uno de los primeros pasos para encontrar tu voz única es simplemente empezar a escribir. No importa si lo que escribes no es perfecto. No importa si tus primeros borradores son terribles. Como decía Ernest Hemingway, uno de los grandes maestros de la literatura del siglo XX: "El primer borrador de cualquier cosa es basura" ("A Moveable Feast", 1964). Y tenía toda la razón. Pero a través de esos primeros borradores, a través de esa 'basura', puedes empezar a ver atisbos de tu voz única.

Así que toma tu pluma, o abre tu laptop, y comienza a escribir. Escribe sobre lo que amas, sobre lo que te asusta, sobre lo que te enfada, sobre lo que te hace reír. Escribe en primera persona, en tercera persona, en tiempo presente, en tiempo pasado. Escribe diálogos, escribe descripciones, escribe acción. Experimenta con diferentes estilos, diferentes géneros, diferentes formas de contar una historia.

Y a medida que escribes, comienza a hacer preguntas. ¿Qué temas te atraen una y otra vez? ¿Qué tipos de personajes encuentras más fascinantes? ¿Cómo describes el mundo a tu alrededor? ¿Cómo te sientes más cómodo al contar una historia?

Por ejemplo, si volvemos a J.K. Rowling, la autora de Harry Potter, ella ha dicho en numerosas entrevistas que siempre se sintió atraída por la idea de la muerte y la pérdida, que son temas recurrentes en su serie. Y si has leído sus libros, sabrás que tiene un estilo muy directo y claro, pero también muy detallado y vívido, especialmente cuando describe el mundo mágico. Además, tiene un don para crear personajes que son a la vez realistas y fantásticos.

Estos son solo algunos ejemplos de cómo puedes comenzar a escuchar y desarrollar tu voz única. Recuerda, este es un proceso, un viaje. Al igual que cualquier habilidad, encontrar y perfeccionar tu voz única tomará tiempo, práctica y, lo más importante, paciencia. No desesperes si no la encuentras de inmediato, sigue adelante, sigue escribiendo y, eventualmente, tu voz única brillará.

Toma, por ejemplo, a Harper Lee, la autora de "To Kill a Mockingbird" (1960). Lee pasó años trabajando en su única novela, puliéndola, reescribiéndola, perfeccionándola. Y, a través de este proceso, fue capaz de plasmar su voz única, una voz que era a la vez tierna y poderosa, inocente y sabia, en cada página de su libro. El resultado fue una obra maestra que ha tocado a millones de personas alrededor del mundo y ha dejado una huella indeleble en la literatura.

¿Y cuál fue el secreto de Harper Lee para encontrar su voz única? ¿Cómo logró capturar la complejidad de la vida en un pequeño pueblo sureño, la inocencia y la crueldad de la infancia, el veneno del racismo y la belleza de la humanidad en su novela?

La respuesta, al igual que con J.K. Rowling y tantos otros grandes escritores, fue que se atrevió a ser ella misma en su escritura. Se atrevió a abordar los temas que le importaban profundamente, a crear personajes que eran reflejo de la gente que conocía, a contar una historia que era tanto universal como profundamente personal.

Y aquí es donde quiero que te detengas y pienses en tu propia escritura. ¿Te atreves a ser tú mismo en tu escritura? ¿Te atreves a abordar los temas que te importan, a crear personajes que reflejen tus experiencias, a contar una historia que sea tanto universal como profundamente personal?

La buena noticia es que no tienes que hacerlo solo. Estoy aquí para ayudarte en cada paso del camino, para darte las herramientas y la guía que necesitas para encontrar y liberar tu voz única.

Porque eso es lo que realmente significa escribir un bestseller. No se trata solo de tener una gran idea, o de crear personajes memorables, o de construir una trama emocionante. Se trata de infundir cada palabra, cada frase, cada página con tu voz única.

Entonces, ¿cómo te sientes hasta ahora? ¿Estás listo para continuar tu viaje para encontrar tu voz única? ¿Estás listo para convertirte en el escritor que siempre has querido ser?

Te prometo que no será fácil. Habrá momentos de duda, de frustración, de miedo. Pero también habrá momentos de alegría, de descubrimiento, de triunfo.

Y a través de todo, tu voz única estará allí, guiándote, apoyándote, brillando cada vez más brillante. Porque al final del día, tu voz única no es solo el núcleo de tu bestseller. Es el núcleo de quién eres como escritor, como contador de historias, como ser humano.

Así que, ¿estás listo para continuar? ¿Estás listo para descubrir y liberar tu voz única?

Si la respuesta es sí, entonces te felicito. Estás a punto de embarcarte en uno de los viajes más emocionantes, desafiantes y gratificantes de tu vida, la libertad de tus palabras en su plenitud. Imagina la belleza de la literatura que puedes crear con tu voz única. ¿No es emocionante?

Y sin embargo, antes de que te sumerjas en las páginas blancas, déjame recordarte la famosa cita de Ernest Hemingway, autor de "Por Quien Doblan las Campanas" (1940), quien dijo una vez: "No hay reglas para la escritura. Si hay, nadie las conoce." Hemingway, uno de los maestros de la literatura moderna, nos recuerda la importancia de la autenticidad, de romper las normas y de permitir que nuestra voz verdadera florezca en nuestras obras.

En resumen, la voz única no es un lujo, es una necesidad. Es el sello distintivo que deja tu huella en cada palabra, en cada frase, en cada párrafo. Es la esencia de quién eres como escritor.

Hemos recorrido un camino fascinante juntos en este capítulo, desempolvando el concepto de la voz única y observando cómo autores consagrados como J.K. Rowling y Harper Lee la han usado para crear obras maestras. Hemos desenterrado la esencia de lo que significa tener una voz única y por qué es vital para tu éxito como escritor.

Pero la búsqueda de tu voz única no acaba aquí. En el siguiente capítulo, "Estructurando Tus Ideas: El Esqueleto de tu Historia", vamos a explorar cómo puedes estructurar tus ideas de manera que fortalezcan tu voz única y hagan brillar tu narrativa. Después de todo, una voz fuerte requiere un cuerpo igual de fuerte para llevarla.

Te prometo que este próximo viaje será tan emocionante y revelador como el que acabamos de hacer. Juntos, construiremos el esqueleto de tu historia, pieza por pieza, para que puedas vestirlo con la voz única que has descubierto y fortalecido en este capítulo.

Así que, ¿estás listo para seguir adelante? ¿Estás listo para dar otro paso en el camino para convertirte en el autor de un bestseller?

Recuerda, la aventura solo está empezando. Y estoy aquí, caminando a tu lado, animándote a seguir adelante, a seguir buscando, a seguir descubriendo. Porque sé, en lo más profundo de mi ser, que tienes dentro de ti un bestseller esperando ser liberado. Y juntos, lo haremos posible.

Así que ven, avanza al próximo capítulo. Veamos juntos cómo puedes estructurar tus ideas y darle forma a tu historia. Te espero allí.

Capítulo 4: Estructurando Tus Ideas: El Esqueleto de tu Historia

Estructurar ideas es una parte fundamental del proceso de escritura. Es como diseñar la planta de una casa antes de comenzar a construir. Te permite entender dónde van las puertas, las ventanas, las habitaciones... Del mismo modo, al estructurar tus ideas para tu historia, sabrás dónde colocar los momentos clave, los personajes importantes, los giros inesperados. Suena emocionante, ¿no lo crees?

¿Recuerdas cuando hablamos sobre la voz única? Ahora, te propongo una pregunta, querido lector. ¿Qué sucedería si esa voz única, vibrante y llena de vida, tuviera que cantar sin melodía, sin ritmo, sin estructura musical? Puede que incluso la voz más hermosa se pierda en el caos.

Y así es como se relaciona la estructura de tu historia con tu voz única. Ambas se complementan, se potencian. La estructura, querido amigo, es el soporte que eleva tu voz, la partitura que le da ritmo y armonía.

Es fascinante, ¿verdad? Y sí, sé que puedes sentir un cosquilleo de emoción ante este nuevo conocimiento. Estoy seguro de que ya estás imaginando cómo puedes aplicarlo a tu propia escritura.

Dicho esto, ¿qué es realmente la estructura de una historia? Bueno, podemos considerarla como el plan que guía el desarrollo de tu historia. Es la forma en que dispones los elementos de tu narrativa para crear una secuencia coherente y atractiva. Y, al igual que con la arquitectura, una buena estructura puede convertir una idea promedio en una obra de arte memorable.

Por ejemplo, J.R.R. Tolkien, autor de "El Señor de los Anillos" (1954), creó una estructura narrativa épica que permite a los lectores viajar a través de la Tierra Media con Frodo y la Compañía del Anillo. Cada capítulo, cada escena, cada diálogo, fue cuidadosamente planeado y estructurado para crear una experiencia lectora inolvidable.

¿Te das cuenta de la importancia de tener una estructura sólida para tu historia? Y no, no tienes que ser Tolkien para lograrlo. Tú también puedes hacerlo. De hecho, estoy aquí para ayudarte a descubrir cómo.

Ahora, hagamos una pausa. ¿Cómo te sientes acerca de lo que acabamos de discutir? ¿Puedes ver la estructura de tu historia emergiendo de las sombras, lista para ser diseñada y construida? ¿Estás emocionado por explorarla y darle forma?

Recuerda, la escritura es un viaje de descubrimiento y tú estás en el asiento del conductor. Yo estoy aquí simplemente para guiarte en este camino lleno de aventuras y maravillas. Así que, sigamos adelante, descubramos juntos cómo puedes construir el esqueleto de tu historia. Te aseguro que será una experiencia fascinante.

Ahora que estamos en la misma página sobre la importancia de una estructura sólida para tu historia, pasemos a algunas técnicas y conceptos que te ayudarán a llevar tu historia al siguiente nivel. No hay una sola forma "correcta" de estructurar tu historia, al igual que no hay una sola forma "correcta" de escribir. Sin embargo, hay métodos y estructuras probadas que han sido usadas por autores exitosos durante siglos.

Comencemos con una de las estructuras más antiguas y clásicas, la conocida "estructura de tres actos". No te preocupes, no voy a llenarte de términos técnicos. Piensa en ella como una receta, una guía que ha sido usada y perfeccionada por generaciones de chefs, o en este caso, de escritores. Así como Paul Bocuse revolucionó la cocina francesa con sus habilidades culinarias, autores como Jane Austen, en "Orgullo y Prejuicio" (1813), han utilizado la estructura de tres actos para darle vida a sus historias.

Pero, ¿en qué consiste exactamente esta estructura de tres actos? En términos sencillos, se trata de la introducción, el desarrollo y la resolución de tu historia. Piensa en estos tres actos como el principio, el medio y el final.

En el primer acto, estableces el mundo de tu historia y presentas a tus personajes y su conflicto inicial. En el segundo acto, desarrollas ese conflicto y llevas a tus personajes a través de una serie de obstáculos y desafíos, hasta llegar al clímax. En el tercer y último acto, resuelves el conflicto y das a tus personajes, y a tus lectores, un cierre satisfactorio.

¿Sencillo, verdad? Pero no te engañes. Aunque parezca simple, esta estructura puede dar lugar a una infinidad de historias increíbles y memorables. ¿Acaso no es emocionante?

Ahora bien, querido amigo, antes de que te sumerjas en la escritura y empieces a esbozar tu historia, quiero que hagas una pausa y reflexiones. ¿Crees que esta estructura de tres actos encaja bien con la historia que quieres contar? ¿Cómo crees que puedes adaptarla a tu estilo de escritura único y a las peculiaridades de tu historia?

Recuerda, la estructura es como un esqueleto, y al igual que el esqueleto humano, debe ser flexible y fuerte al mismo tiempo. Debe poder adaptarse al movimiento y al cambio, pero también debe proporcionar un soporte sólido.

Ya hemos avanzado mucho, pero aún queda mucho por descubrir. Así que sigue conmigo, disfrutemos juntos de este maravilloso viaje hacia la creación de tu historia. Te prometo que será una experiencia apasionante.

Bien, ahora que ya conoces el esquema básico de la estructura de tres actos, vamos a profundizar un poco más y explorar algunas variaciones de esta fórmula. Porque, al igual que la melodía de una canción puede tener infinitas variaciones, también la estructura de una historia puede ser flexible y adaptable a tus necesidades creativas.

Vamos a tomar como ejemplo el clásico "Viaje del héroe" popularizado por Joseph Campbell en su obra "El héroe de las mil caras" (1949). Esta estructura es ampliamente usada en la literatura y el cine y, aunque es más compleja que la estructura de tres actos, en esencia sigue el mismo principio de inicio, desarrollo y resolución. Pero añade una serie de etapas que el héroe debe pasar, cada una con su propio propósito y significado. Si te fijas bien, podrás ver esta estructura en obras tan diversas como "El señor de los anillos" de J.R.R. Tolkien (1954) y "Star Wars" de George Lucas (1977).

Ahora bien, tal vez te preguntes, ¿debo seguir estas estructuras al pie de la letra? Y la respuesta es no, absolutamente no. Estas estructuras son herramientas, no reglas fijas. Son como un mapa que te ayuda a orientarte en tu viaje creativo, pero no determinan el camino que debes tomar. Eres tú, querido lector, quien debe decidir cómo usarlas de la mejor manera para contar tu historia. Y si alguna vez te sientes perdido, recuerda que estoy aquí para ayudarte, como un viejo amigo que siempre está dispuesto a echarte una mano.

Vamos a detenernos aquí un momento y a reflexionar. ¿Cómo puedes aplicar estas estructuras en tu historia? ¿Cómo puedes adaptarlas a tu estilo y a tus personajes? Recuerda que cada historia es única, y es tu voz la que le dará vida y color.

Así que respiremos hondo, amigo mío, y sigamos adelante en nuestro viaje. Ya hemos llegado lejos, pero aún queda mucho por descubrir y aprender. Y te prometo, será una aventura apasionante.

Ya hemos dado un buen vistazo al armazón que sostendrá la carne de tu historia, y hemos visto cómo las diferentes partes de esa estructura se conectan y se alimentan entre sí para formar un todo coherente y satisfactorio. Pero, como todo buen arquitecto sabe, el esqueleto de un edificio no es más que el principio. Lo que realmente da vida a una estructura es cómo se llena ese esqueleto, cómo se adornan y se detallan sus espacios, cómo se moldea para adaptarse a su propósito y reflejar su personalidad.

Al igual que un arquitecto, un escritor debe aprender a manejar un sinfín de herramientas y técnicas para dar forma a su obra. Pero no te preocupes, no estás solo en esto. En los capítulos que siguen, exploraremos juntos algunas de las técnicas más efectivas de escritura, desde cómo elegir las palabras adecuadas hasta cómo dar vida a tus personajes y hacer que tus escenas sean vívidas y emocionantes.

Vamos a bucear en el maravilloso arte de convertir las ideas en palabras y las palabras en páginas. Vamos a desentrañar los secretos de cómo mantener a los lectores enganchados, cómo hacer que sientan y vivan tu historia, cómo transportarlos a los mundos que has creado. Todo ello utilizando la potencia de la palabra escrita.

¿Estás emocionado? Yo también. Porque sé que este viaje te llevará a descubrir cosas increíbles sobre ti mismo y sobre tu potencial como escritor. Y estaré a tu lado, paso a paso, compartiendo contigo mis conocimientos y experiencias, y aprendiendo de ti a la vez. Porque, al final del día, somos compañeros en esta maravillosa aventura que es la escritura.

Así que, amigo mío, agarra tu pluma (o tu teclado) con fuerza y prepara tu corazón para el próximo capítulo de nuestra travesía. Porque estamos a punto de entrar en el fascinante mundo de la transformación de palabras en páginas. ¿Listo para continuar este viaje conmigo?

Capítulo 5: De Palabras a Páginas: Técnicas Efectivas de Escritura

Aquí estamos, ya has dejado una huella palpable en el sendero de la autoedición. Pero, ¿alguna vez has contemplado el océano y te has maravillado de su inmensidad, de su poderío, de su belleza desbordante? Así mismo es el vasto universo de la escritura. Tan profundo, tan infinito, tan imponente, y tú, querido amigo, estás a punto de zambullirte en él.

Pero antes de lanzarte al abismo, considera esto: ¿Por qué es tan importante entender y dominar las técnicas de escritura? ¿Por qué no simplemente dejar fluir tus ideas en un torrente descontrolado de creatividad y ver qué pasa?

La respuesta es sencilla y, a la vez, compleja. Verás, las técnicas de escritura son como los cimientos de una casa. Podrías construir una casa sin cimientos, claro, pero ¿cuánto tiempo crees que se mantendría en pie? ¿Qué pasaría cuando llegase la primera tormenta?

Del mismo modo, podrías escribir un libro sin prestar atención a las técnicas de escritura, pero ¿cuánto tiempo crees que mantendría la atención de un lector? ¿Qué pasaría cuando el lector encontrase la primera inconsistencia, el primer personaje plano, la primera descripción vaga?

Las técnicas de escritura son las herramientas que te permitirán construir una historia sólida y atractiva, que pueda resistir las pruebas del tiempo y la crítica.

El gran Ray Bradbury, autor de la distopía clásica "Fahrenheit 451" (1953), dijo una vez: "No necesitas escribir sobre lo que sabes, necesitas escribir sobre lo que amas". Entonces, pregúntate, ¿qué es lo que amas? ¿Cómo puedes traducir esa pasión a las páginas de tu libro?

Esa es la primera y más importante técnica de escritura: escribir con pasión. Pero, ¿cómo se traduce eso en la práctica? ¿Cómo se traslada esa chispa de entusiasmo de tu mente a tus palabras y luego a las páginas de tu libro?

La respuesta puede ser tan diversa y variada como los autores que hay en el mundo. Algunos escritores prefieren trazar un esquema detallado antes de empezar a escribir, mientras que otros prefieren saltar directamente a la acción. Algunos escritores eligen centrarse en la trama, mientras que otros se concentran en los personajes. Algunos escritores buscan la perfección en cada frase, mientras que otros prefieren dejar fluir sus ideas y pulir después.

Lo que importa, querido amigo, no es tanto qué técnica elijas, sino que la elijas conscientemente, que la apliques de manera consistente, y que te permita expresar tu voz única de la manera más clara y resonante posible.

¿Ya tienes en mente esa idea brillante que has estado alimentando desde el primer capítulo? ¿Estás listo para moldearla, refinarla y darle vida? Muy bien, entonces. Ha llegado el momento de sumergirse en el océano de las palabras y nadar hacia la orilla del éxito.

Hemos hablado de la importancia de la pasión, pero eso no es todo, mi querido amigo. Al fin y al cabo, la pasión sin disciplina puede ser tan destructiva como la disciplina sin pasión. Entonces, ¿cómo encontramos el equilibrio entre ambas?

Para responder a esa pregunta, hagamos un viaje en el tiempo, volvamos al año 1964 y recordemos a una mujer que revolucionó el mundo literario con su obra "En busca del tiempo perdido". Me refiero, por supuesto, a la inimitable Madeleine L'Engle.

Ella escribió: "No puedes esperar a que llegue la inspiración. Tienes que ir tras ella con un garrote". Imagina eso por un segundo. Imagina a L'Engle, con su pluma en una mano y un garrote en la otra, persiguiendo la inspiración por los recovecos de su mente, exigiendo que se rinda y se plasme en el papel.

Es esa determinación, esa tenacidad, lo que necesitas para convertirte en un escritor de éxito. Pero no te preocupes, no estás solo en esta lucha. En las próximas líneas, vamos a explorar algunas técnicas que te ayudarán a mantener la disciplina mientras sigues alimentando tu pasión.

Empecemos con una técnica conocida como "escritura libre". La idea es simple: selecciona un periodo de tiempo específico, digamos, quince minutos, una hora, lo que mejor se adapte a tu horario. Durante ese tiempo, escribe sin parar, sin preocuparte por la gramática, la ortografía, la coherencia o la cohesión. El único objetivo es mantener la pluma en movimiento (o las teclas, si prefieres escribir en un ordenador).

¿Por qué funciona esta técnica? Bueno, la escritura libre tiene varias ventajas. Primero, te permite explorar tus ideas sin restricciones. Segundo, te ayuda a superar el bloqueo del escritor, ese miedo paralizante a la página en blanco. Y tercero, te ayuda a construir el hábito de la escritura. Después de todo, recuerda las palabras de L'Engle: no puedes esperar a que llegue la inspiración, tienes que ir tras ella.

La escritura libre es solo una de las muchas técnicas que puedes utilizar para mejorar tus habilidades de escritura. Pero recuerda, no existe una "talla única" en este viaje. Algunas técnicas funcionarán mejor para ti que otras. Lo importante es que sigas experimentando, sigas aprendiendo, sigas creciendo.

Permíteme preguntarte, ¿qué te parece la idea de la escritura libre? ¿Crees que podría funcionar para ti? ¿Por qué no pruebas ahora mismo, durante los próximos cinco minutos, y ves qué sucede? Después de todo, ¿quién sabe qué maravillas puedes crear cuando te quitas las cadenas de la perfección y dejas que tu creatividad se desate?

Supongamos que has probado la técnica de la escritura libre que acabamos de discutir. ¿Cómo te fue? ¿Sentiste que tus pensamientos fluían libremente o luchaste para seguir el ritmo? No importa la respuesta, porque ambos escenarios son válidos y forman parte del proceso. Si fluyó, genial. Si luchaste, estás desafiando tus límites y eso, amigo mío, también es genial.

Ahora, hablemos de otra herramienta potente: la técnica del "diálogo interno". Imagina que estás en una habitación con tu personaje principal. Quizás sea un detective endurecido, un mago poderoso, un adolescente inseguro, o quien sea que hayas elegido para protagonizar tu historia. ¿Cómo sería una conversación con este personaje? ¿Cómo hablaría? ¿Cómo respondería a tus preguntas?

Esta técnica fue popularizada por John Steinbeck en su obra "Las uvas de la ira" en 1939. Steinbeck creía que para escribir personajes auténticos, debes entenderlos completamente, y una de las mejores maneras de hacerlo es entablando un diálogo con ellos.

Piensa en ello de esta manera: al hablar con tus personajes, estás viendo el mundo desde su punto de vista. Estás comprendiendo sus motivaciones, sus miedos, sus deseos. Y con ese entendimiento, puedes traerlos a la vida en las páginas de tu libro.

Además, el diálogo interno no solo te ayuda a entender a tus personajes, sino también a ti mismo. Porque, al final del día, cada personaje que creas es un reflejo de alguna parte de ti. Entonces, ¿por qué no intentas esta técnica y ves qué puedes descubrir sobre tus personajes y sobre ti mismo?

Estas técnicas de escritura, aunque simples en teoría, pueden ser desafiantes en la práctica. Pero recuerda, estamos juntos en esto. Juntos, enfrentaremos los desafíos, supcraremos los obstáculos y nos acercaremos cada vez más a nuestro sueño compartido de convertirnos en escritores publicados.

Así que, mientras avanzamos juntos en este viaje, permíteme recordarte que no importa cuántos obstáculos enfrentes, cuántos muros encuentres, cuántas veces tropieces. Lo único que importa es que sigas adelante. Porque, como dijo el gran escritor Samuel Beckett en 1983, "Ever tried. Ever failed. No matter. Try again. Fail again. Fail better." (Siempre intentando. Siempre fallando. No importa. Inténtalo de nuevo. Falla de nuevo. Falla mejor).

Así que, amigo mío, sigamos adelante, sigamos intentando, sigamos fallando mejor. Y algún día, antes de lo que te imaginas, miraremos hacia atrás y veremos cuánto hemos recorrido. Y ese día, celebraremos juntos nuestro éxito. Pero hasta entonces, sigamos adelante, sigamos aprendiendo, sigamos creciendo. Porque, al final del día, eso es lo que realmente importa. ¿No te parece?

Hemos navegado juntos por los mares tempestuosos de la escritura, y ahora nos encontramos en un puerto seguro, al final de este capítulo, ¿te das cuenta de cuánto hemos avanzado? Hemos desglosado las palabras, examinado las técnicas y nos hemos embarcado en la aventura de la escritura efectiva. ¿Sientes cómo se agitan las ideas en tu interior, ansiosas por tomar forma y transformarse en palabras?

Ahora, imagina por un momento que has dominado todas estas técnicas. ¿Cómo sería esa realidad para ti? ¿Puedes verte a ti mismo, sentado cómodamente en tu lugar de escritura favorito, las palabras fluyendo de ti como un río? ¿Puedes ver tus ideas cobrando vida en la página, contando la historia que siempre has querido contar? Esa realidad está a tu alcance. Sí, a tu alcance. No es un sueño inalcanzable, sino un destino esperándote al final de un camino que ya has comenzado a recorrer.

Hemos llegado al final de este capítulo, pero, ¿sientes ese cosquilleo de emoción? Esa es la promesa de lo que está por venir. El próximo capítulo, "La Magia del Primer Borrador: Permitiéndote Errar", está lleno de secretos y sabiduría que te ayudarán a crear tu primer borrador. ¿Te suena aterrador? No debería. Porque el primer borrador no es el final de tu viaje, sino un comienzo emocionante.

En el próximo capítulo, exploraremos cómo aceptar y abrazar los errores en tu primer borrador puede liberar tu creatividad y mejorar tu escritura. Descubrirás cómo darle vida a tu historia, cómo dejar que tus personajes tomen la iniciativa y cómo permitir que tu trama se desarrolle de forma natural.

Puedes sentirte un poco nervioso al pensar en lo que viene después, y eso está bien. En realidad, es más que bien. Es un signo de que te importa, de que te importa tu historia y tu escritura. Y esa pasión es la que te llevará a través del proceso de escritura y, finalmente, a la publicación.

Así que respira profundamente. Cierra los ojos y visualiza tu éxito. Y cuando estés listo, cuando sientas ese cosquilleo de anticipación en tu estómago, volvamos a abrir este libro y adentrémonos en el apasionante mundo del primer borrador. Estoy aquí contigo, a cada paso del camino, compartiendo tu viaje, celebrando tus triunfos y apoyándote en tus desafíos. Eres un escritor en proceso, y me siento honrado de estar en este viaje contigo. Así que, ¿estás listo? Vamos, tomemos el siguiente paso juntos.

Capítulo 6: La Magia del Primer Borrador: Permitiéndote Errar

Alguna vez te has detenido a pensar ¿por qué los bocetos son tan fundamentales para los artistas visuales? Los bocetos no son el producto final. Son desordenados, inacabados y llenos de errores. Pero también son esenciales. Los artistas los utilizan para explorar ideas, probar técnicas y cometer errores en un espacio seguro antes de trasladar esas ideas al lienzo. La escritura, querido lector, no es diferente. Tu primer borrador es tu boceto.

¿Por qué es importante permitirte errar? Imagina que estás aprendiendo a tocar el piano. No esperarías sentarte por primera vez y tocar una sonata de Mozart a la perfección, ¿verdad? Sabes que se requieren horas de práctica, de tocar notas incorrectas, de luchar con ritmos complicados antes de que puedas tocar una pieza musical con confianza. La escritura es exactamente lo mismo.

El primer borrador es tu oportunidad de explorar tus ideas, conocer a tus personajes y entender el ritmo de tu historia. Y sí, es tu oportunidad de cometer errores. ¿Por qué es eso bueno? Porque cada error es una oportunidad para aprender y mejorar. Cada vez que te equivocas en algo, tienes la posibilidad de entender qué salió mal y cómo puedes hacerlo mejor la próxima vez.

También, el primer borrador es tu oportunidad de ser creativo sin restricciones. ¿Recuerdas cuando éramos niños y podíamos crear historias increíbles con solo unos cuantos bloques de construcción? ¿Recuerdas esa sensación de libertad, de que cualquier cosa era posible? Tu primer borrador puede ser exactamente eso. Puedes experimentar con diferentes estilos de escritura, puedes probar tramas diferentes, puedes permitir que tus personajes te sorprendan con sus decisiones. No hay límites para lo que puedes crear.

¿Te sientes un poco abrumado? No te preocupes, eso es normal. El primer borrador puede ser un desafío, especialmente si nunca has escrito uno antes. Pero te prometo, una vez que te des permiso para errar y te sumerjas en el proceso, encontrarás que puede ser increíblemente liberador.

Querido lector, ¿recuerdas cómo te prometí que este libro no sería una serie de reglas rígidas, sino un viaje de descubrimiento y crecimiento? Eso es exactamente lo que el primer borrador es. Es tu viaje personal, lleno de sorpresas, descubrimientos y, sí, errores. Pero cada uno de esos errores es un paso hacia el escritor que estás destinado a ser.

Te invito a abrazar la magia del primer borrador. Te invito a liberarte de las expectativas y a permitirte cometer errores. Te invito a ser creativo, a ser valiente, y a tomar riesgos. Y te prometo, al final de este capítulo, tendrás las herramientas y la confianza para hacer exactamente eso. ¿Estás listo para comenzar?

Así es, querido lector, estamos juntos en este viaje, y ahora que hemos celebrado el valor de cometer errores en nuestro primer borrador, vamos a profundizar un poco más en esta idea.

El famoso escritor Neil Gaiman, en su discurso de graduación para la Universidad de las Artes de 2012, dijo: "Acepta tus errores. Si estás cometiendo errores, significa que estás haciendo algo". ¿Puedes imaginar un mejor respaldo al poder de los errores en el primer borrador? Gaiman, autor de bestsellers internacionales como "American Gods" (2001) y "Coraline" (2002), es un ferviente creyente en la libertad de probar cosas nuevas y cometer errores. Esta es una mentalidad que tú, como escritor en ciernes, debes adoptar.

Quizás te preguntes, ¿cómo podemos encontrar valor en algo que la sociedad generalmente considera negativo? La clave está en cambiar nuestra perspectiva. En lugar de ver nuestros errores como fracasos, podemos verlos como valiosas lecciones de aprendizaje. ¿Recuerdas el dicho "Aprende de tus errores"? Es una vieja sabiduría por una buena razón. Cada error que cometes en tu primer borrador te enseña algo sobre tu escritura. ¿Un personaje se siente poco auténtico? Tal vez necesitas profundizar en su historia y motivaciones. ¿La trama se siente forzada o predecible? Esto te da la oportunidad de ser más creativo con tus giros de trama y la estructura de tu historia.

Incluso grandes escritores como Ernest Hemingway han compartido sus pensamientos sobre la importancia del primer borrador. Él dijo una vez: "El primer borrador de cualquier cosa es una mierda". ¿Sorprendente, verdad? Pero la esencia de esta cita no está en su crudeza, sino en su sinceridad. Hemingway, ganador del Premio Nobel de Literatura en 1954 y autor de obras como "El viejo y el mar" (1952), nos recuerda que todos los escritores, sin importar cuán exitosos sean, empiezan con un primer borrador imperfecto.

Así que sí, tu primer borrador será imperfecto, estará lleno de errores y partes que querrás cambiar. Y eso está bien. De hecho, está más que bien. Es exactamente como debería ser.

Porque cada error, cada parte que no funciona del todo bien, es una oportunidad para aprender y mejorar. Cada error es una puerta que se abre a un nuevo nivel de habilidad y comprensión de tu escritura.

Y recuerda, tú y yo estamos en esto juntos. Cada palabra que escribas, cada error que cometas, es un paso más en este viaje que estamos compartiendo. Y estoy aquí para apoyarte en cada paso del camino. Porque, al final del día, tu éxito es mi éxito. Así que vamos, amigo mío, adentrémonos en el maravilloso, caótico y mágico mundo del primer borrador. ¿Estás listo para continuar?

Vayamos más allá. Veamos un ejemplo concreto de cómo los errores en el primer borrador pueden llevar a la mejora y perfección de tu obra. Imagina que estás escribiendo un thriller de ciencia ficción. Has creado un futuro distópico, lleno de tecnología y conflictos sociales. En tu primer borrador, tienes una secuencia de acción intensa donde el personaje principal, un audaz hacker, está tratando de desactivar un programa malicioso que amenaza la estabilidad del mundo.

Al leer tu primer borrador, te das cuenta de que esta secuencia es confusa. La jerga tecnológica es demasiado densa y el ritmo se siente forzado. Al principio, te sientes frustrado. Te preguntas cómo pudiste escribir algo así. Pero luego recuerdas nuestras conversaciones y el aliento de Gaiman y Hemingway. Te das cuenta de que este es un momento de aprendizaje.

Comienzas a investigar. Lees novelas de ciencia ficción y thrillers tecnológicos aclamados, como "Neuromancer" de William Gibson (1984) y "Snow Crash" de Neal Stephenson

(1992). Te das cuenta de cómo estos autores usan la jerga tecnológica de una manera que enriquece la historia sin abrumar al lector. Ves cómo manejan el ritmo y la tensión en sus secuencias de acción. Tienes un "¡Aha!" momento.

Vuelves a tu primer borrador, ahora armado con este nuevo conocimiento. Reescribes la secuencia de acción, suavizas la jerga tecnológica, ajustas el ritmo. Cuando terminas, te das cuenta de que la secuencia es mucho más fuerte que antes. Sientes un chispazo de orgullo y realización. Has aprendido. Has mejorado. Y todo gracias a un "error" en tu primer borrador.

Lo ves, querido lector, querido amigo. No importa cuántos errores cometas en tu primer borrador. Cada uno de ellos es una oportunidad disfrazada. Una oportunidad para aprender, para crecer, para convertirte en un mejor escritor. Y sé que puedes hacerlo. Porque te conozco. Te conozco a través de estas palabras, a través de este viaje que estamos compartiendo. Y sé que tienes la fuerza y la determinación para superar cualquier obstáculo que se interponga en tu camino.

Ahora, piensa en tu primer borrador. Piensa en los errores que has cometido. Y pregúntate a ti mismo: ¿Cómo puedo aprender de esto? ¿Cómo puedo usar esto para mejorar mi escritura?

El primer borrador es el lugar donde empieza todo. Donde los sueños toman forma, donde las ideas cobran vida. Así que no temas a los errores, abrázalos. Son tus maestros, tus guías. Y juntos, podemos transformarlos en la escalera que te llevará a la cima del éxito como escritor. Así que, ¿estás listo para dar el siguiente paso?

Estoy seguro de que ahora tienes una visión mucho más clara de lo que significa tu primer borrador. No es simplemente un conjunto de palabras y oraciones. Es el lienzo sobre el que dibujas tus sueños, donde tallar tu nombre en el maravilloso mundo de los autores.

Si algo quiero que te lleves de este capítulo es esto: El primer borrador es tuyo. Es tu espacio para experimentar, para equivocarte, para aprender. No le temas a los errores. En vez de eso, ve cada uno como una pincelada en tu lienzo de escritura. Cada error, cada revisión, cada momento de frustración es una parte de tu viaje hacia convertirte en el autor que siempre has querido ser.

¿Recuerdas cuando hablamos de Stephen King y su "basura"? Pues bien, también dijo: "Para escribir bien, tienes que leer mucho y escribir mucho. Esa es la única forma. No hay atajos." (Sobre la escritura: Memorias de un oficio, 2000). Y, ¿sabes qué? Él tenía razón. La lectura y la escritura son como dos caras de una misma moneda, inseparables y complementarias. Y en el próximo capítulo, vamos a explorar exactamente cómo la lectura te ayuda a mejorar tu escritura y cómo puedes aprovecharla para sacar el máximo provecho de tu primer borrador.

Pero ahora, permíteme que te haga una promesa. En este viaje que estamos emprendiendo juntos, siempre estaré a tu lado. A través de cada error, cada triunfo, cada revelación. Voy a estar allí contigo, alentándote, guiándote, compartiendo tus éxitos y tus desafíos. Porque en este viaje, no estás solo. Eres parte de una comunidad, una hermandad de escritores unidos por la pasión, la creatividad y el amor por las palabras.

Entonces, querido amigo, ¿estás listo para seguir adelante? ¿Estás listo para sumergirte en el fascinante mundo de la lectura como herramienta de mejora de tu escritura? ¿Estás listo para descubrir las maravillas que te esperan en el siguiente capítulo de tu viaje de escritor? Porque estoy emocionado de llevarte allí. Así que toma un respiro, da vuelta a la página y aventurémonos juntos en el siguiente emocionante capítulo de tu viaje literario. Nos espera un maravilloso mundo de palabras.

Capítulo 7: Correcciones y Edición: La Belleza en los Detalles

La belleza, dicen, está en los detalles. Y en ninguna parte es esto más cierto que en la edición y las correcciones de un libro. Tú y yo, querido lector, hemos compartido el entusiasmo de plasmar nuestras ideas en páginas, la euforia de finalizar nuestro primer borrador, la magia del nacimiento de nuestras historias. Pero ahora, es el momento de sumergirnos en un universo totalmente diferente, uno que es a la vez meticuloso y deslumbrante, uno que lleva nuestras palabras desde la crudeza hasta la pulcritud. Estamos, querido amigo, en el territorio de la edición y corrección.

Pero, ¿por qué es importante este paso? ¿Por qué no podemos simplemente dejar las cosas como están después de terminar nuestro primer borrador?

Voy a responder a estas preguntas con una historia personal. Recuerdo cuando escribí mi primer libro. Estaba tan emocionado, tan absorto en el mundo que había creado, que lo envié a un amigo para que lo leyera tan pronto como escribí la última palabra. Mi amigo, un editor de profesión, volvió a mí con una sonrisa indulgente y me entregó mi manuscrito lleno de marcas y notas en rojo. Fue un golpe para mi ego, pero también una lección invaluable. Entendí que la edición y la corrección no son una opción, son una necesidad.

Entonces, ¿qué es exactamente la edición y por qué es tan importante?

Pensemos en nuestro libro como una joya sin pulir. Cuando lo escribimos por primera vez, lo sacamos de la mina de nuestra creatividad. Pero es crudo, está lleno de imperfecciones, no brilla. La edición es el proceso de pulir esa joya, de quitarle las impurezas, de hacerla brillar. Sin este paso, tu historia puede quedar oculta bajo capas de errores gramaticales, de inconsistencias en el argumento, de diálogos artificiales.

Recuerda, como decía Mark Twain, "La diferencia entre la palabra adecuada y la casi adecuada es la misma que entre el rayo y la luciérnaga". En la escritura, cada palabra cuenta. Cada elección de frase es vital. Y eso es lo que hace la edición: te ayuda a encontrar la palabra adecuada, no la "casi" adecuada.

Pero, y aquí viene la pregunta más importante, ¿cómo editas tu propio trabajo?

Ahora que hemos establecido la importancia de la edición y la corrección, es hora de sumergirnos en cómo puedes hacerlo de manera efectiva. Permíteme decirte que este proceso es un arte en sí mismo. Necesitarás paciencia, precisión y una mente abierta. Estás a punto de embarcarte en un viaje a través de tus propias palabras, a través de tus propias creaciones. Estoy emocionado de acompañarte en esta travesía. ¿Estás listo? Entonces, vamos allá.

Continuamos este viaje en la edición y corrección y te puedo asegurar que no te dejaré solo en este camino. Te estarás preguntando, "¿Por dónde comienzo?", y la respuesta es sencilla pero crucial: debes distanciarte de tu obra. Sí, sé que puede parecer contradictorio después de haber trabajado con tanto esmero en ella, pero déjame explicarte por qué es necesario.

Como escritor, tiendes a enamorarte de tus propias palabras, a quedarte prendado en la melodía que has creado. Y eso está bien, es natural. Sin embargo, para editar de manera efectiva, debes ver tu obra desde una nueva perspectiva, desde los ojos de un lector, y no cualquier lector, sino uno crítico y despiadado. Aquí es donde radica la importancia de tomar distancia. Deja tu manuscrito de lado por un tiempo. Puede ser una semana, un mes, el tiempo necesario para que puedas volver a él con una mirada fresca.

Ernest Hemingway, uno de los grandes maestros de la literatura del siglo XX, es famoso por haber dicho: "Escribe borracho; edita sobrio". Más allá de la anécdota divertida, hay una gran verdad en esta afirmación. La escritura es un acto de locura y libertad, mientras que la edición es un acto de cordura y disciplina.

Una vez que te has distanciado de tu obra y estás listo para verla con ojos nuevos, empieza a leerla como si fuera la primera vez. Y aquí entra en juego otro aspecto vital: la lectura en voz alta. ¿Alguna vez has notado cómo cambia una frase cuando la escuchas en voz alta? De repente, las palabras cobran vida, la melodía se hace audible y los errores saltan a la vista. Esta es una de las técnicas más efectivas en la edición. Al leer en voz alta, puedes atrapar los errores gramaticales, las frases torpes, los diálogos poco naturales y las incoherencias en la trama que podrías haber pasado por alto durante la escritura.

Además, está el asunto de la gramática, la puntuación y la ortografía. Estos son los pilares fundamentales de cualquier texto y cualquier error en estos aspectos puede desviar la atención del lector de tu historia. Aquí, los manuales de estilo y las guías gramaticales serán tus mejores amigos. Recuerda las palabras de Stephen King en su libro "On Writing" (2000): "La buena escritura consiste en dominar las cosas que puedes aprender en un aula". Y tiene razón. No puedes ignorar las reglas de la lengua y esperar que tu obra brille.

Por último, y esto es especialmente importante, recuerda que la edición no es una sola pasada. No puedes simplemente leer tu manuscrito una vez, hacer algunos cambios y considerarlo listo. La edición es un proceso iterativo, repetitivo. Es posible que necesites varias rondas de edición para pulir tu joya hasta que esté lista para deslumbrar al mundo.

Entonces, ¿estás listo para sumergirte en este mar de detalles, para dar ese salto hacia la excelencia?

Ahora que tienes una nueva perspectiva de tu obra, y entiendes la importancia de leer en voz alta y de tener un sólido dominio de las reglas gramaticales, llegamos a otro pilar de la edición: la coherencia. Me refiero a la coherencia en la trama, en el desarrollo del personaje, en el tono y en el estilo de la escritura. Puede que tengas la oración más bellamente construida, pero si no encaja con el tono general del libro o interrumpe el flujo de la narrativa, puede que tenga que irse. Sé que puede doler, pero recuerda: estamos esculpiendo una obra de arte, y cada golpe del cincel es necesario.

Pero, ¿cómo saber si una escena, un personaje o una línea de diálogo son coherentes? Ahí es donde entra en juego el arte de la crítica constructiva. El poeta y crítico literario T.S. Eliot decía en su ensayo "Tradition and the Individual Talent" (1919) que "el progreso de un artista es un continuo autosacrificio, una continua extinción de personalidad". Así que no temas a la crítica, no temas al cambio. La crítica constructiva es el faro que te guiará en la oscuridad de la edición.

Permíteme ilustrarte esto con un ejemplo. Supón que estás escribiendo un thriller de ciencia ficción. Tu personaje principal es un científico reservado y lógico. Pero de repente, en el capítulo diez, sin ninguna explicación, se vuelve increíblemente extrovertido y comienza a tomar decisiones basadas en corazonadas en lugar de hechos. Esto, como puedes ver, es una falta de coherencia en el desarrollo del personaje. Durante la edición, tendrías que revisar este cambio y preguntarte: ¿Es necesario? ¿Está justificado por la trama o por el crecimiento del personaje? Si la respuesta es no, entonces es posible que tengas que reescribir esa parte.

Ahora, me gustaría señalar algo importante aquí. La autoedición no significa que debas hacer todo solo. Puede ser muy útil obtener una segunda opinión, especialmente de alguien con experiencia en edición o con un profundo conocimiento del género en el que estás escribiendo. Un buen editor puede ofrecer una perspectiva objetiva y señalar las áreas que podrías haber pasado por alto. ¿Recuerdas cómo mencionamos a Hemingway antes? Bueno, incluso él tenía un editor. Max Perkins, uno de los editores más famosos en la historia de la literatura, trabajó con Hemingway, además de con otros autores notables como F. Scott Fitzgerald y Thomas Wolfe.

Así que, querido amigo, te invito a sumergirte en este profundo mar de detalles y a disfrutar del viaje. Porque, al final del día, cada etapa de la escritura, incluso la edición y corrección, es una parte esencial del maravilloso viaje de dar vida a una historia. Y ahora, ¿estás listo para abrazar el arte de la edición y hacer brillar tu obra?

Dejando de lado la edición a nivel de palabras y párrafos, hablemos un momento sobre la edición a nivel de libro. Es como dar un paso atrás y ver la imagen completa de la historia que estás contando. ¿Cómo fluye la trama de principio a fin? ¿Se resuelven todas las tramas secundarias? ¿Se han desarrollado y cambiado los personajes de una manera significativa y satisfactoria a lo largo del libro? Estas son las preguntas que debes hacerte en esta etapa del proceso de edición.

Al mirar tu trabajo desde esta perspectiva panorámica, es posible que descubras que ciertas escenas, personajes o incluso capítulos enteros necesitan ser reescritos, movidos o eliminados por completo. Sí, a veces la edición puede parecer más bien una cirugía mayor. Pero no te desanimes. Piensa en ello como una oportunidad para hacer que tu libro sea lo mejor posible. Al fin y al cabo, como dijo el escritor y editor de ciencia ficción John W. Campbell, "un editor no debería tener un lector en su cabeza, sino un autor".

Si te sientes un poco abrumado en este punto, déjame recordarte que cada paso que estás tomando, cada palabra que estás revisando, cada párrafo que estás puliendo, está acercándote más a tu sueño de publicar tu propio libro. Así que sigue adelante. No dejes que el miedo al error te detenga. Como diría Neil Gaiman en su famosa charla de 2012 en la

Universidad de las Artes: "Si estás haciendo errores, significa que estás haciendo algo".

Al final del día, el proceso de edición es simplemente eso: un proceso. Requiere paciencia, dedicación y una gran dosis de amor por tu propio trabajo. Pero te prometo que el resultado valdrá la pena. Al final, tendrás en tus manos no solo un montón de páginas, sino una obra de arte en la que puedes estar orgulloso.

Y ahora, ya hemos cubierto la maravillosa y desafiante etapa de la corrección y edición. Hemos hablado de la importancia de la gramática y la puntuación, de leer en voz alta tu trabajo, de la coherencia en la trama y el desarrollo del personaje, y de la valiosa ayuda que puede aportar un editor profesional.

Pero ahora te preguntarás: "¿Y qué sigue?" Bueno, te invito a seguir adelante, porque en el próximo capítulo entraremos en el fascinante mundo del formato y diseño del libro. Hablaremos de cómo presentar tu obra de una manera atractiva y profesional que hará que los lectores no puedan resistirse a abrir tu libro. ¿Estás listo para seguir adelante en esta emocionante aventura de la autoedición? ¡Vamos!

Capítulo 8: Formato y Diseño del Libro: Vistiendo tu Obra para el Éxito

Estoy seguro de que has estado en una librería y has sentido un libro que te llamaba desde un estante, ¿verdad? Ese libro que parecía brillar con luz propia, que parecía gritar tu nombre. Y cuando lo cogiste en tus manos, ¿no te sentiste atraído por su diseño, por la sensación de su papel, por su elegante tipografía? Ese es el poder del formato y del diseño de un libro.

Y ahora que has llegado hasta aquí, tras todo el esfuerzo y la dedicación que has invertido en dar forma a tus ideas, en escribir y pulir tu manuscrito, es hora de vestir tu obra para el éxito. De hacer que tu libro no solo sea leído, sino sentido y experimentado por tus lectores.

Porque un buen diseño y formato no solo atraen la atención del lector, también transmiten una imagen profesional de tu trabajo y establecen el tono de tu historia. Hacen que tu libro sea fácil y agradable de leer, y que sea recordado. En definitiva, hacen que tu libro destaque en el cada vez más competitivo mundo de la autoedición.

Empecemos por entender qué es exactamente el formato de un libro. En términos generales, el formato de un libro se refiere a la forma en que el contenido de tu libro se presenta en la página. Esto incluye aspectos como el tamaño del libro, el tipo y tamaño de la letra, el espaciado de las líneas y los márgenes, el diseño de las cabeceras y pies de página, la numeración de las páginas, la disposición de los capítulos y secciones, y mucho más.

Todo esto puede parecer un poco abrumador al principio, pero no te preocupes. Al igual que la escritura, el formato de un libro es un arte que se puede aprender. Y aunque puede llevar tiempo dominarlo, te prometo que el esfuerzo valdrá la pena.

Quizás te estés preguntando, ¿por qué es tan importante el formato de un libro? Bueno, piensa en ello de esta manera: ¿Te has sentado alguna vez a leer un libro y te has encontrado luchando para leer las palabras porque la letra era demasiado pequeña, o porque las líneas estaban demasiado juntas, o porque los márgenes eran demasiado estrechos? Esa es la diferencia que puede hacer un buen formato.

Un buen formato hace que tu libro sea fácil de leer. Permite que tus lectores se sumerjan en tu historia sin distracciones. Pero eso no es todo. Un buen formato también puede mejorar la percepción que los lectores tienen de tu libro. Un libro bien formateado se ve y se siente profesional. Transmite a tus lectores que te tomas en serio tu trabajo como autor y que te preocupas por su experiencia de lectura.

Y eso, querido lector, es precisamente lo que queremos lograr con tu libro. Queremos que tu libro brille con luz propia. Queremos que tu libro grite el nombre de tus lectores desde los estantes virtuales de Amazon. Queremos que tus lectores sientan la pasión y el esfuerzo que has puesto en cada palabra, en cada página, en cada detalle de tu libro.

Porque, como dijo el famoso diseñador de libros Chip Kidd, "Un libro es como una persona. No deberíamos juzgarlo por su apariencia, pero todos lo hacemos."

Así que vamos a sumergirnos en el fascinante mundo del diseño y el formato de libros, y vamos a asegurarnos de que tu libro tenga la apariencia que merece.

Podríamos comenzar por considerar el tamaño de tu libro. Sí, el tamaño importa. Importa porque establece la primera impresión de tu libro. Un libro de mayor tamaño puede transmitir una sensación de importancia y autoridad, mientras que un libro más pequeño puede resultar más íntimo y personal. ¿Qué tamaño será el más adecuado para tu libro? Bueno, eso dependerá en gran medida de tu público objetivo y del tipo de libro que estés escribiendo.

Y ahora pasemos a la tipografía, ese arte delicado y sofisticado de organizar el texto para hacerlo legible y atractivo. La elección de la fuente, el tamaño de la letra, el espaciado entre líneas, la justificación del texto... todo ello puede tener un gran impacto en la legibilidad de tu libro y en la comodidad de tus lectores. Aquí, como en muchos otros aspectos del diseño y el formato de libros, menos suele ser más. Una fuente clara y sencilla, un tamaño de letra adecuado, un espaciado entre líneas generoso... todo ello contribuirá a que tus lectores puedan sumergirse en tu historia sin esfuerzo.

Por supuesto, el formato de un libro no se limita a las páginas interiores. También incluye la portada, la contraportada, la lomo, la solapa... En otras palabras, todo aquello que los lectores ven antes de abrir el libro. Aquí es donde entramos en el territorio del diseño gráfico, un campo que merece un capítulo aparte, y que abordaremos más adelante en este libro. Pero por ahora, basta con decir que la portada de tu libro es probablemente el factor más importante en la decisión de un lector de comprar o no tu libro. Así que merece toda tu atención y esfuerzo.

Pero más allá de estos aspectos técnicos, el formato y el diseño de tu libro deben ser, ante todo, un reflejo de tu voz y tu estilo como autor. Deben ser coherentes con tu historia, con tu mensaje, con tu marca personal. Así, por ejemplo, si estás escribiendo un thriller oscuro y tenso, probablemente querrás un diseño y un formato que reflejen esa atmósfera. Si, por el contrario, estás escribiendo un libro de autoayuda inspirador y optimista, querrás un diseño y un formato que transmitan esa energía positiva.

El formato y diseño de tu libro es, en última instancia, una extensión de ti mismo como autor. Es una parte integral de tu obra, que contribuye a definir su identidad y a crear una experiencia de lectura única para tus lectores. Así que te animo a que te tomes el tiempo necesario para aprender y experimentar, para encontrar el formato y el diseño que mejor se adapten a tu libro.

¿Te parece desalentador? No debería serlo. Como el gran diseñador de libros Jan Tschichold dijo una vez, "la belleza de la tipografía reside en su homogeneidad. La lectura no debería detenerse en la belleza de las letras individuales, sino fluir con la corriente de las palabras". Entonces, ¿qué quiere decir Tschichold con esto? Simplemente que la belleza de un libro bien diseñado no está en los elementos individuales, sino en cómo todos ellos trabajan juntos para crear una experiencia de lectura fluida y agradable.

Permíteme darte un ejemplo para ilustrar este concepto. Imagina que estás leyendo una novela de misterio. La historia es emocionante, el ritmo es trepidante, los personajes son fascinantes. Pero cada vez que giras la página, te encuentras con un enorme número de página que interrumpe la trama. O peor aún, la última frase de cada capítulo está impresa en una fuente distinta y en colores brillantes. ¿Podrías seguir inmerso en la historia? ¿O estos elementos de diseño disruptivos romperían tu experiencia de lectura?

Por supuesto, este es un ejemplo extremo. Pero sirve para ilustrar cómo un mal diseño puede distraer y alienar a tus lectores. Y eso es exactamente lo que queremos evitar.

Pero no todo son malas noticias. De hecho, el diseño y el formato de un libro también pueden ser poderosas herramientas para mejorar la experiencia de lectura y transmitir tu mensaje de formas sutiles y no tan sutiles.

Considera, por ejemplo, la elección de la fuente. Sabías que diferentes tipos de letra pueden evocar diferentes emociones y connotaciones? Una fuente serif, como Times New Roman o Garamond, puede transmitir una sensación de formalidad y autoridad. Por otro lado, una fuente sans-serif, como Arial o Helvetica, puede parecer más moderna y limpia. Y luego están las fuentes script y decorativas, que pueden añadir un toque de personalidad y creatividad, pero que deben usarse con moderación para no dificultar la lectura.

O piensa en cómo puedes jugar con el espaciado y la disposición del texto para reflejar el ritmo y la atmósfera de tu historia. Por ejemplo, si tienes una escena de acción intensa, podrías usar párrafos cortos y oraciones fragmentadas para transmitir la rapidez y la urgencia del momento. Si, por otro lado, tienes una escena tranquila y reflexiva, podrías usar párrafos más largos y oraciones más fluidas para reflejar ese ritmo más lento.

Y luego están los pequeños detalles que pueden hacer una gran diferencia. Un margen generoso que da a tus palabras espacio para respirar. Una elección cuidadosa de la paleta de colores que refleja el tono y el estado de ánimo de tu historia. Un diseño de cabecera y pie de página que añade un toque de elegancia y profesionalidad a tu libro.

Como ves, el diseño y el formato de un libro son una parte esencial de la experiencia de lectura. No son solo una cuestión de estética, sino también de legibilidad y comunicación. Y aunque puede parecer un mundo complejo y desconocido, te aseguro que es un viaje que merece la pena emprender.

Porque al final del día, como dijo el célebre autor y diseñador de libros William Addison Dwiggins, "uno de los grandes placeres de la vida es la lectura de libros bien diseñados. En realidad, un libro bien diseñado puede ser una obra de arte en sí misma".

Entonces, ¿cómo logramos este ideal? Bueno, como en muchos otros aspectos de la escritura y la publicación, no existe una fórmula mágica única. Pero hay ciertos principios y prácticas que puedes seguir para mejorar el diseño y formato de tus libros.

Primero, considera tu público objetivo. ¿A quién está dirigido tu libro? ¿Qué edad tienen tus lectores? ¿Qué tipo de libros suelen leer? Conocer a tu audiencia te permitirá tomar decisiones de diseño que resuenen con sus gustos y expectativas.

En segundo lugar, piensa en la coherencia. Asegúrate de que todos los elementos de tu libro, desde la portada hasta la disposición del texto, trabajen juntos para crear una experiencia coherente y unificada. Cada elección de diseño que hagas debe apoyar y realzar el contenido de tu libro, no distraer de él.

También es importante que prestes atención a los detalles. Asegúrate de que tu libro esté bien editado y libre de errores de mecanografía o gramática. Utiliza espacios blancos de manera efectiva para hacer que tu texto sea fácil de leer. Y no olvides incluir elementos como un índice, una página de agradecimientos, y tal vez incluso un prólogo o un epílogo para darle a tu libro un acabado profesional.

Y finalmente, no tengas miedo de buscar ayuda profesional si sientes que la necesitas. Hay muchos diseñadores y formateadores de libros excelentes por ahí que estarían encantados de ayudarte a llevar tu libro al siguiente nivel.

Porque al final del día, el diseño y formato de tu libro no es solo una cuestión de estética. Es una parte integral de la experiencia de lectura que ofreces a tus lectores. Y como tal, merece la misma atención y cuidado que pones en la escritura de tu historia.

Y ahora, querido lector, estamos listos para avanzar al siguiente capítulo de nuestro viaje: "La Portada Perfecta: El Rostro de tu Bestseller". En este próximo capítulo, nos adentraremos en el fascinante mundo del diseño de portadas de libros. Exploraremos cómo puedes utilizar el color, la tipografía, las imágenes y otros elementos de diseño para crear una portada que no solo sea hermosa, sino que también capture la esencia de tu historia y atraiga a tus lectores ideales. ¿Estás listo para este emocionante viaje? ¡Vamos allá!

Capítulo 9: La Portada Perfecta: El Rostro de tu Bestseller

¿Sabías que en la mayoría de los casos, tu libro tiene apenas unos segundos para capturar la atención de un posible lector? Sí, has leído bien. En el vasto océano de títulos disponibles en Amazon y en otras tiendas de libros en línea, tu libro tiene que sobresalir rápidamente para tener la oportunidad de ser considerado.

Puedes tener la historia más cautivadora del mundo, puedes haber pulido cada palabra hasta el último detalle, y puedes haber construido una trama que haría llorar a los ángeles de pura emoción, pero si tu portada no es atractiva, es posible que muchos lectores ni siquiera le den a tu obra la oportunidad que merece.

Eso puede parecer injusto. Podrías argumentar que los verdaderos amantes de la lectura no juzgarán un libro por su portada. Pero piénsalo por un momento, ¿no te ha ocurrido que un libro te llama la atención solo por su portada y te incita a leer la sinopsis o las primeras páginas?

La portada es la primera impresión de tu libro, y como en muchas otras áreas de la vida, las primeras impresiones importan. Un buen diseño de portada no solo captura la atención de los lectores, sino que también establece las expectativas de lo que encontrarán en su interior. Y, no menos importante, una portada profesional y atractiva envía el mensaje de que te tomas en serio tu oficio de escritor.

Permíteme preguntarte algo: ¿Qué es lo primero que notas cuando ves una portada de libro? ¿Es el color? ¿Las imágenes? ¿La tipografía? Todos estos elementos juegan un papel importante en el diseño de la portada, y en las siguientes secciones, vamos a explorar cómo puedes utilizarlos para crear una portada que haga justicia a tu historia y atraiga a tus lectores ideales.

Recuerda, aunque la portada de tu libro solo es una pieza del rompecabezas de la autoedición, es una pieza crítica. Como dijo el reconocido escritor Paul Auster en su obra "El libro de las ilusiones" (2002), "El verdadero contenido de un libro, no reside en las ideas del autor, sino en la experiencia del lector". Así, la portada es la puerta a esa experiencia, el primer paso en el camino que recorre el lector hacia tu mundo. ¿Estás listo para hacer de esa puerta una entrada verdaderamente atractiva? Entonces, ¡embarquémonos en este emocionante viaje juntos!

Excelente, ahora que entendemos la importancia vital de una portada cautivadora, vamos a adentrarnos en los elementos que la componen y cómo puedes emplearlos de manera efectiva. ¿Estás listo para continuar nuestro viaje?

Primero, hablemos de color. Los colores pueden transmitir emociones y establecer el tono de tu libro. Por ejemplo, un tono azul suave puede ser calmante, sugerir una novela romántica o un cuento de hadas, mientras que el rojo intenso podría indicar pasión, violencia o peligro, y puede ser adecuado para un thriller o una historia de amor intensa. Ahora bien, piensa en tu libro, en la esencia de tu historia, ¿qué colores se te vienen a la mente?

Joel Friedlander, experto en diseño de libros y autor de "A Self-Publisher's Companion" (2011), sugiere que la portada debe reflejar el género del libro. Los lectores de ciencia ficción, por ejemplo, esperan ciertos tipos de imágenes y colores. Los libros de autoayuda, por otro lado, a menudo emplean colores más suaves y tonos tierra. Es esencial tener en cuenta estas expectativas de los lectores cuando eliges los colores de tu portada.

Ahora, pasemos a la tipografía. Este aspecto también es crítico, porque el tipo y tamaño de letra que elijas puede afectar cómo se percibe tu libro. Una fuente gótica podría ser perfecta para una novela de terror, pero probablemente no sería la mejor opción para un libro de cocina, ¿no te parece? La tipografía debe ser fácil de leer, incluso en una miniatura de la portada, porque eso es lo que verán muchos lectores potenciales cuando busquen nuevos libros para leer.

Es más, Chip Kidd, el renombrado diseñador de portadas responsable de algunas de las cubiertas más icónicas de la literatura moderna, como "Jurassic Park" de Michael Crichton (1990), dijo una vez: "Una portada de libro es una distorsión... Es una provocación". Tu elección de tipografía puede ser esa provocación que incita a los lectores a querer saber más.

Y finalmente, pensemos en las imágenes. Las imágenes y gráficos pueden jugar un papel enorme en transmitir de qué se trata tu libro. Pero ten cuidado, ya que una imagen muy detallada puede ser confusa y desordenada en una portada de libro. A veces, las imágenes más sencillas son las más efectivas.

Estoy seguro de que todo esto puede parecer mucho que absorber de una sola vez. Pero no te preocupes, vamos juntos en esto, y juntos vamos a crear algo increíble. ¿Me acompañas en el siguiente paso de este viaje?

Me alegra que estés aún conmigo en este emocionante camino. Ahora, imagina por un instante que estás caminando por una calle llena de carteles publicitarios. ¿Qué te haría detener? ¿Qué captaría tu atención?

Probablemente sea un diseño limpio y audaz, una imagen impactante, un eslogan ingenioso y memorable. Las portadas de los libros, mi querido amigo, no son diferentes a estos carteles. Están diseñadas para captar la atención del lector, provocar curiosidad y deseo de saber más. ¿Estás listo para adentrarte aún más en el arte de diseñar la portada perfecta?

Dijimos que la imagen es crucial, pero ¿qué tipo de imagen deberías elegir? Según Peter Mendelsund, autor de "Cover" (2014) y uno de los diseñadores de portadas más reconocidos en la industria editorial, las mejores portadas son aquellas que crean una sensación o evocan una atmósfera, en lugar de contar literalmente lo que sucede en el libro. Es una forma de invitar al lector a participar activamente en la experiencia del libro.

Por ejemplo, piensa en la famosa portada del libro "El gran Gatsby" de F. Scott Fitzgerald (1925). La portada, diseñada por Francis Cugat, presenta unos ojos femeninos flotantes en un cielo nocturno azul sobre una ciudad iluminada, con una lágrima solitaria y unas brillantes luces verdes en las pupilas. La imagen no muestra ninguna escena particular del libro, pero evoca una sensación de tristeza, soledad y anhelo, que encapsula perfectamente la esencia de la historia.

Aún así, también es crucial recordar que la imagen que elijas debe ser relevante para tu libro y tu público objetivo. No quieres confundir a tus posibles lectores o hacerles pensar que tu libro es de un género que no es. La imagen correcta será la que pueda capturar la esencia de tu historia y la que pueda resonar con tus lectores potenciales.

Pero espera, aún no hemos terminado. ¿Sabías que el espacio en blanco también es un elemento crucial en el diseño de tu portada? ¡Sí, lo has oído bien! No toda la portada tiene que estar llena de texto o imágenes. El espacio en blanco puede ayudar a resaltar los elementos clave de tu portada y hacer que se destaque en una librería o en una página llena de miniaturas de libros.

Amigo, confío en que hasta ahora todo esto te haya proporcionado una comprensión más profunda de cómo se diseña una portada impactante. Pero todavía hay más. ¿Listo para seguir profundizando? ¡Vamos!

Esa sensación de anticipación, de inminente descubrimiento que estás experimentando ahora, esa es la magia de la creación de una portada de libro. Pero hay aún más. ¿Has considerado la tipografía?

La tipografía es más que simples letras. Es un medio para transmitir el tono, el género y el estilo de tu obra. "¿Cómo es eso posible?", te preguntarás. Permíteme contarte un pequeño secreto: las fuentes tienen personalidad. Si, amigo mío, lo tienen.

Piensa en un thriller. Te imaginarás una fuente audaz, probablemente con letras mayúsculas, tal vez con la sugerencia de un tinte de rojo sangre. Una comedia romántica, por otro lado, podría tener una fuente más juguetona y caprichosa. El punto aquí es, la fuente que eliges puede ayudar a establecer las expectativas de tus lectores incluso antes de que abran el libro.

Pero, por supuesto, tienes que tener cuidado. Asegúrate de que tu fuente sea legible en diferentes tamaños. Recuerda, tu portada tiene que destacar tanto en tamaño completo como en una pequeña miniatura en una tienda online.

Según Chip Kidd, reconocido diseñador gráfico y de portadas de libros, autor de "The Cheese Monkeys" (2001), la primera regla en el diseño de la portada es "No aburrir". Tu portada debe ser visualmente atractiva, debe evocar la esencia de tu historia, y, sobre todo, debe hacer que el lector quiera saber más.

Y ahora, llegamos al final de nuestro viaje a través del fascinante mundo del diseño de portadas de libros. Hemos explorado juntos la importancia de la imagen, el uso del espacio en blanco, la elección de la tipografía correcta. Todo este conocimiento te equipa para crear la portada perfecta, esa que grita a los cuatro vientos: "¡Este es un bestseller! ¡Ven y descubrelo!".

Y ahora, mi querido lector, amigo y compañero de viaje, es hora de dar el siguiente paso. En el próximo capítulo, nos sumergiremos en el arte de elegir títulos atractivos. Después de todo, un título es la primera impresión que un lector tiene de tu libro, y ya sabes lo que dicen sobre las primeras impresiones, ¿verdad? Te garantizo que este próximo viaje será tan emocionante y revelador como el que acabamos de realizar.

Así que respira hondo, descansa un poco si lo necesitas, y cuando estés listo, te espero en el próximo capítulo. Juntos, haremos de tu libro el bestseller que merece ser. ¿Estás listo para continuar?

Capítulo 10: Eligiendo Títulos Atractivos: La Primera Impresión que Cuenta

¿Recuerdas cuando nos adentramos en el mundo del diseño de la portada del libro en el capítulo 9? Es increíble cómo un único elemento, el rostro de tu obra, puede marcar la diferencia, ¿verdad? Ahora es el momento de darle voz a esa cara, de encontrar ese sonido cautivador que resonará en las mentes de tus lectores. Vamos a hablar de los títulos.

Los títulos son poderosos. Piénsalo un momento, ¿has sentido alguna vez la irresistible atracción de un título intrigante en una librería o mientras navegas por una tienda online? Ese título te llamó, susurró a tu curiosidad y te llevó a abrir el libro, a sumergirte en un nuevo mundo. En un sentido muy real, un título atractivo es la puerta de entrada a tu historia. Entonces, ¿cómo puedes crear un título que capte la esencia de tu libro y atraiga a los lectores?

El primer paso para elegir un título atractivo es, por supuesto, entender tu libro. Tienes que ser capaz de resumir la esencia de tu historia en unas pocas palabras. Es un desafío, sin duda, pero recuerda, ya has recorrido un largo camino. Ya has encontrado tu voz única, has estructurado tus ideas y has transformado las palabras en páginas. Este es solo el próximo paso en tu viaje como autor.

Piensa en tu libro como si fuera una persona que acabas de conocer. ¿Cómo te presentaría a ti mismo? ¿Sería descriptivo, emocional, provocativo? ¿Te daría un vislumbre de lo que está por venir o dejaría un misterio en el aire?

Considera también a tu público objetivo. Un buen título habla directamente a su público. ¿Quiénes son tus lectores ideales? ¿Qué palabras resonarían con ellos?

Tomemos por ejemplo "Orgullo y Prejuicio" de Jane Austen, publicado en 1813. En este título, Austen captura dos temas centrales de su historia en solo tres palabras. A la vez, evoca una cierta época y estilo, lo que probablemente resonó con su público objetivo.

Pero, no todo es seriedad y precisión, el humor tiene su lugar. Un título que haga reír o sonreír a un lector puede ser igual de efectivo. Piensa en "La Guía del Autoestopista Galáctico" de Douglas Adams, publicado en 1979. Ese título intrigante, un poco absurdo, está lleno de la personalidad humorística que caracteriza a todo el libro.

Y recuerda, aunque el título es vital, no estás solo en esto. ¿Recuerdas cuando hablamos de la importancia de las correcciones y ediciones en el capítulo 7? Bueno, esta es otra de esas ocasiones en las que puedes buscar una segunda opinión. No dudes en pedir feedback. Toma en cuenta las opiniones de los demás, pero al final del día, recuerda, este es tu libro.

Sí, amigo mío, la elección del título es una tarea trascendental, pero estoy contigo en cada paso del camino. Estoy aquí para ayudarte a explorar, a descubrir y a crear un título que refleje la belleza y la profundidad de tu obra.

Ahora, profundicemos aún más. El título de tu libro debe ser único, debe ser capaz de diferenciarse de los miles de títulos que inundan el mundo literario. Aquí entra en juego la originalidad. Puede que hayas notado que muchos títulos de best-sellers tienen un toque único, una cierta chispa que los hace destacar. Esa chispa puede ser un juego de palabras ingenioso, un término poco común, o una estructura de título no convencional.

Observa "Cien años de soledad", la obra maestra de Gabriel García Márquez, publicada en 1967. El título es inusual, evocador, ligeramente enigmático. Invita a los lectores a cuestionarse, a preguntarse qué historia puede tener un título tan intrigante.

Otro aspecto esencial a considerar es el género de tu libro. Un título eficaz es aquel que se alinea con las expectativas del género. Los lectores de ciencia ficción podrían sentirse atraídos por títulos que evocan mundos extraterrestres o tecnología avanzada, mientras que los lectores de romances podrían preferir títulos que sugieren amor y pasión.

Por ejemplo, "Los juegos del hambre" de Suzanne Collins, publicado en 2008, claramente indica un conflicto y lucha, elementos clave en las novelas de aventuras y distopías. Mientras que "El diario de Bridget Jones" de Helen Fielding, publicado en 1996, tiene una tonalidad mucho más ligera y personal, alineada con las expectativas de una comedia romántica.

También es importante tener en cuenta la longitud del título. Los títulos breves pueden ser poderosos y memorables, pero un título más largo puede proporcionar más contexto. La elección depende de lo que funcione mejor para tu libro. Piensa en "Matar a un ruiseñor" de Harper Lee, publicado en

1960, es un título relativamente largo, pero cada palabra añade al misterio y la intriga.

Como siempre, amigo mío, la clave está en encontrar un equilibrio. Un título puede ser tu primera interacción con un lector potencial, por lo que debe ser cautivador y atractivo. Sin embargo, no debe ser engañoso. El título debe prometer algo que el libro pueda cumplir.

Puede parecer mucho que asimilar, pero no te preocupes. Recuerda, la elección de un título no es una ciencia exacta. Es un arte, al igual que la escritura en sí. Y como todo arte, requiere tiempo, paciencia y práctica. No tengas miedo de experimentar, de jugar con las palabras y las ideas.

¿Y si tomamos un pequeño desafío? ¿Qué te parece si coges un trozo de papel y escribes diez posibles títulos para tu libro? No pienses demasiado, solo deja que las palabras fluyan. ¿Cómo te sientes con los títulos que has escrito? ¿Hay alguno que te parezca particularmente atractivo? ¿Hay alguno que capture realmente la esencia de tu libro?

Recuerda, cada pequeño paso te acerca más a tu objetivo de convertirte en un autor publicado. Toma un momento para apreciar cuánto has avanzado en tu viaje de escritura. ¿Ves lo lejos que has llegado?

Ahora, volviendo a nuestros títulos, existe un elemento crucial que debemos considerar y que muchas veces se pasa por alto: la subjetividad. Cada lector es un mundo, y lo que puede parecer un título ingenioso y atractivo para uno, puede no serlo para otro. Lo importante es que te sientas cómodo y convencido de que tu título representa adecuadamente tu obra.

Para ilustrar esto, volvamos a nuestro querido amigo Douglas Adams con "La Guía del Autoestopista Galáctico". Para algunos, ese título puede sonar ridículo, pero para otros, suena aventurero y lleno de posibilidades. ¿Aventurero? ¿Un libro que habla de autoestopistas y una guía galáctica? Sí, para aquellos que buscan una lectura llena de imaginación y humor, ese título es perfecto.

Sin embargo, ¿qué pasaría si cambiamos el título a "El Manual Cósmico para Viajeros sin Transporte"? ¿Cambiaría tu percepción del libro? ¿Atraería a un público diferente? Es fascinante cómo un simple cambio en el título puede alterar completamente nuestras expectativas sobre el contenido del libro.

Aquí es donde entra en juego la experimentación. No te preocupes si tu primer intento de título no parece el adecuado. Juega con las palabras, prueba diferentes combinaciones y, sobre todo, diviértete en el proceso. Después de todo, este es tu libro y tienes el control absoluto sobre cómo presentarlo al mundo.

Un consejo adicional: cuando tengas una lista de posibles títulos, tómate un tiempo para buscarlos en internet. ¿Existen otros libros con el mismo título? Si es así, es posible que desees reconsiderar o modificar tu título para evitar confusiones.

Además, no olvides el papel que juega el subtítulo. Un subtítulo puede aportar detalles adicionales que tal vez no se puedan condensar en el título principal. Puede ser una gran oportunidad para esclarecer o expandir la idea presentada en el título.

Por ejemplo, "Come, reza, ama: Una mujer busca todo a lo largo de Italia, India e Indonesia" de Elizabeth Gilbert, publicado en 2006, utiliza un subtítulo para dar una idea más clara de lo que el lector puede esperar de la historia.

Amigo mío, es importante recordar que no hay una respuesta definitiva o un camino único para encontrar el título perfecto. Es un proceso, uno que depende tanto de tu creatividad como de tu conocimiento de la historia que has construido. Pero no estás solo. Tienes tus herramientas, tienes tu pasión y tienes este libro para guiarte en cada paso del camino.

Hablemos ahora de un ejemplo práctico. Imagina que has escrito una novela de fantasía sobre un grupo de aventureros que emprenden una misión para encontrar una antigua reliquia perdida. Algunos títulos potenciales podrían ser "La Reliquia Perdida", "La búsqueda de los Inmortales" o "En las Sombras de Antiguos Secretos". Cada uno evoca una sensación diferente, cada uno tiene su propio encanto. ¿Convierte en un título irresistible? Bueno, eso es algo que solo tú puedes decidir. Después de todo, tú conoces tu historia mejor que nadie. Pero recuerda, el título es tu primera oportunidad para captar la atención de tu lector, para invitarlo a un viaje, a una aventura que has creado especialmente para él.

Hemos hablado de la importancia del título, de cómo puede influir en las expectativas del lector y de cómo puede hacer que tu libro destaque en la maraña de opciones disponibles. Hemos analizado ejemplos de títulos famosos y de cómo éstos comunican el tono, el tema y el contenido del libro. También hemos discutido la importancia de la experimentación y la investigación en el proceso de seleccionar el título perfecto para tu obra.

Es mi deseo que este conocimiento te sirva como una guía en tu viaje hacia la creación del título más atractivo para tu libro. Pero más allá de eso, espero que este capítulo te haya recordado el valor de tu voz única y de tu visión como autor. Al final del día, el título de tu libro es una extensión de ti, un reflejo de tu creatividad y de tu pasión por la historia que estás contando.

Ahora, amigo mío, te enfrentas a la emocionante tarea de seleccionar el título perfecto para tu obra. Recuerda que este es un proceso creativo, uno que requiere tiempo, paciencia y un poco de audacia. No temas probar diferentes títulos, jugar con las palabras y, sobre todo, confiar en tu intuición. Estoy seguro de que, con el conocimiento que has adquirido en este capítulo, estás más que preparado para enfrentar este desafío.

Permíteme terminar este capítulo con una nota de aliento. Tú tienes el talento y la pasión para hacer de tu libro un éxito. El título perfecto ya está en tu mente, esperando ser descubierto. Y estoy seguro de que, cuando finalmente lo encuentres, será tan brillante y memorable como la historia que has creado.

Al adentrarnos en el próximo capítulo, "La Descripción que Vende: Seduce a Tus Lectores en Unos Pocos Párrafos", descubrirás cómo elaborar una descripción de tu libro que no solo resuma eficazmente tu historia, sino que también cautive y seduzca a tus posibles lectores. Te espero allí, con consejos prácticos, estrategias efectivas y un montón de ejemplos ilustrativos. ¿Estás listo para el próximo paso en tu viaje como escritor? ¡Adelante, te espero en el próximo capítulo!

Capítulo 11: La Descripción que Vende: Seduce a Tus Lectores en Unos Pocos Párrafos

¿Por qué te parece que el perfume de una flor es embriagador? ¿Por qué te parece que la melodía de una canción es cautivadora? ¿Por qué te parece que la textura de un terciopelo es suave? Porque lo has experimentado. Los sentidos humanos nos permiten captar los detalles del mundo y construir una rica experiencia personal. De la misma forma, una descripción bien escrita de tu libro puede despertar los sentidos de un lector potencial y captar su atención, incitándolo a sumergirse en las páginas de tu obra.

Así es, amigo mío. La descripción de tu libro es más que un simple resumen. Es una ventana a través de la cual tu lector puede vislumbrar el mundo que has creado. Es una promesa de la aventura que le espera. Es tu oportunidad para seducirlo con tus palabras, para envolverlo en la trama de tu historia y convencerlo de que tu libro es el que debe elegir entre los millones de opciones disponibles.

¿Te preguntas por qué es tan importante la descripción de tu libro? Piensa en la última vez que compraste un libro en línea. Probablemente te fijaste en la portada, luego echaste un vistazo al título y, si todo eso te pareció atractivo, lo siguiente que hiciste fue leer la descripción. Si la descripción no te atrajo, es posible que hayas decidido no comprar el libro. Ahora, pon a un lector en tus zapatos. Si tu descripción no es atractiva, es posible que ese lector decida no comprar tu libro.

Por eso es crucial que dediques tiempo y esfuerzo a redactar una descripción de tu libro que realmente venda. Y eso, querido lector, es exactamente de lo que vamos a hablar en este capítulo.

Pero antes de entrar en detalles, déjame hacerte una pregunta: ¿recuerdas la última vez que leíste una descripción de libro que te dejó sin aliento, que te hizo desear leer el libro de inmediato? Piénsalo un momento. ¿Cómo estaba escrita esa descripción? ¿Qué la hacía tan especial? No te preocupes si no puedes responder a estas preguntas ahora. Al final de este capítulo, estarás equipado con las herramientas y conocimientos necesarios para crear descripciones de libros tan irresistibles que los lectores no podrán resistirse a comprar tu libro.

¿Estás listo para embarcarte en este viaje de descubrimiento? ¿Estás listo para aprender cómo seducir a tus lectores en solo unos pocos párrafos? Espero que sí, porque este viaje está a punto de comenzar. Y te prometo, será un viaje emocionante y revelador.

Ahora, adentrémonos en el corazón de la creación de una descripción convincente y atractiva. ¿Estás listo? Porque lo que viene es crucial y podría cambiar la forma en que percibes tu libro y cómo lo presentas al mundo.

Permíteme recordarte una frase de Anton Chekhov, el aclamado escritor ruso: "No digas que la luna brilla; muéstrame el destello de luz en el vidrio roto". Esta sentencia encapsula una de las reglas de oro de la escritura, y especialmente en la redacción de descripciones de libros: mostrar en lugar de decir. No te limites a enumerar los eventos o los personajes de tu libro; en su lugar, da vida a la trama y a los personajes con palabras descriptivas y evocativas que hagan que los lectores sientan que están viviendo la historia.

Ahora bien, ser descriptivo no significa ser tediosamente detallado. Como dijo una vez el escritor británico, George Orwell, en su ensayo "La política y el idioma inglés" (1946), "Nunca uses una palabra larga donde una corta funcione". Tu objetivo es ser claro y conciso, usar palabras que transmitan tus ideas de manera efectiva. No necesitas jerga o palabras complicadas para impresionar a tus lectores. Más bien, es la simplicidad y la claridad lo que apreciarán.

Aquí entra en juego otra faceta importante: el tono y el lenguaje. La descripción de tu libro debe reflejar el tono y el estilo de tu escritura. ¿Tu libro es una novela de suspense llena de intriga y misterio? Entonces, tu descripción debe ser tensa y emocionante. ¿Es una comedia romántica llena de risas y amor? Tu descripción debería hacer sonreír al lector y hacerle sentir mariposas en el estómago.

Estoy seguro de que te estás preguntando: "¿Cómo logro todo esto?" Te entiendo. Puede parecer una tarea desalentadora, pero no te preocupes, estoy aquí para ayudarte. Juntos, vamos a desentrañar los secretos de una descripción de libro exitosa.

Toma, por ejemplo, la descripción de "El código Da Vinci" de Dan Brown. Brown no solo presenta a los personajes principales y la premisa del libro, sino que también establece el tono misterioso y emocionante de la novela. Habla de un "acertijo sofisticado" y un "secreto impresionante" que "ha sido protegido durante siglos". ¿No te pica la curiosidad por saber qué es este secreto y qué acertijo debe resolver el personaje principal?

¿Ves lo que acabo de hacer? Te presenté un ejemplo concreto para ilustrar mi punto, así como lo haría un escritor bestseller. Esa es exactamente la táctica que debes utilizar al redactar la descripción de tu libro.

Así que, te animo a que pienses en tu libro como si fuera un tesoro escondido, y tu descripción es el mapa que guía a tus lectores hacia él. Haz que cada palabra cuente, amigo mío. A fin de cuentas, cada palabra tiene el poder de seducir a tus lectores y atraerlos hacia la historia fascinante que has creado. ¿Emocionante, verdad?

Ahora, no olvidemos un punto crítico: tu descripción debe proporcionar una visión general de la trama de tu libro sin revelar demasiado. Es una delgada línea que debes caminar. Como dijo Alfred Hitchcock, "el misterio es un elemento intelectual, el suspense es una emoción". Debes mantener un equilibrio entre ambos en tu descripción.

Asegúrate de plantear una pregunta o un dilema en tu descripción para enganchar a tus lectores. ¿Recuerdas la sensación de estar al borde de tu asiento, ansiando saber qué sucederá a continuación? Eso es exactamente lo que quieres que tus lectores sientan. Y esto, amigo mío, no es una tarea fácil. Pero no te preocupes, estoy aquí para guiarte en cada paso del camino.

Para ilustrar mi punto, déjame mostrarte un ejemplo de "Matar a un ruiseñor" de Harper Lee. La descripción dice: "Una abogada comprometida a defender a un hombre negro acusado injustamente, y la demanda que cambiará para siempre la vida de Scout y Jem". Esta descripción sencilla pero efectiva plantea una pregunta: ¿qué sucederá con la demanda y cómo cambiará la vida de Scout y Jem? Este es el gancho que atrae a los lectores a la historia.

¿Te das cuenta de lo poderosa que puede ser una descripción bien hecha? Puede convertir a un lector casual en un comprador comprometido. Puede hacer que un escéptico dé una oportunidad a tu libro.

Y mientras te guío en este viaje, quiero recordarte que no estás solo en esto. Eres parte de una comunidad global de escritores, todos navegando por las mismas aguas. Como dijo Stephen King en "Mientras Escribo" (2000), "La escritura es una forma solitaria de arte, pero no una forma aislada". Y esto es especialmente cierto en nuestra era digital, donde tenemos a nuestra disposición un sinfín de recursos y herramientas.

Pero te digo algo, amigo mío, la clave está en ser auténtico. Debes ser fiel a tu voz única y a tu visión. Tu descripción es una extensión de tu obra, por lo que debe reflejar tu estilo y tu personalidad.

Habiendo dicho esto, te animo a que te des permiso para experimentar y divertirte en el proceso. Como dijo Anne Lamott en "Bird by Bird" (1994), "La perfección es la voz del opresor". No te preocupes por tenerlo todo perfecto desde el principio. La belleza está en el proceso y en la evolución de tu trabajo.

Y mientras avanzamos en este viaje juntos, quiero que recuerdes una cosa: cada paso que das, cada palabra que escribes, cada duda que superas, te acerca un paso más a tu objetivo de ser un autor publicado. Y eso, amigo mío, es algo de lo que estar orgulloso.

Ahora, es esencial recordar que, al igual que un gran título, una descripción de libro excepcional no se crea de la noche a la mañana. Se necesita tiempo, reflexión y muchas revisiones. Pero te prometo que el esfuerzo vale la pena.

A medida que te sumerges en la tarea de escribir tu descripción, puedes encontrar útil pensar en palabras que describan tu libro y cómo te gustaría que los lectores lo perciban. Por ejemplo, si tu libro es una novela de suspense, podrías considerar palabras como "tensión", "misterio", "intriga". Si tu libro es un romance, palabras como "amor", "pasión", "deseo" podrían ser apropiadas. Estas palabras pueden guiarte al escribir tu descripción y asegurarte de que estás evocando las emociones correctas en tus lectores potenciales.

Y siempre, siempre, siempre, mantenlo auténtico. Sé tú mismo. Deja que tu voz brille. Como dice Maya Angelou, "No hay mayor agonía que llevar una historia no contada dentro de ti". Así que cuenta tu historia, querido lector, de la forma más auténtica y apasionada posible. Y confía en que habrá lectores allí fuera que se conectarán con ella.

Ya sea que estés describiendo la historia de un amor prohibido en la época victoriana, la vida y tiempos de un revolucionario científico, o las tribulaciones y triunfos de un grupo de amigos en la ciudad, tu descripción es la puerta de entrada a ese mundo. Es el faro que atraerá a tus lectores a la orilla de tu historia.

En resumen, la descripción de tu libro es tu gran oportunidad para seducir a tus lectores y persuadirlos para que se sumerjan en tu mundo. Así que tómalo con seriedad, disfruta el proceso y recuerda: estás a solo un paso de captar el corazón de tus lectores.

Ahora bien, habiendo explorado las profundidades de una descripción efectiva, es hora de dirigir nuestra atención hacia otra herramienta vital en tu arsenal de autoedición: las palabras clave. En el próximo capítulo, descubriremos cómo las palabras clave pueden ayudarte a llegar a tu audiencia objetivo y asegurarte de que tus lectores ideales puedan encontrarte en el vasto mar de libros disponibles. Te mostraré cómo las palabras clave correctas pueden hacer una gran diferencia en tu visibilidad y, en última instancia, en tus ventas. ¿Listo para sumergirte en el fascinante mundo de las palabras clave? ¡Vamos allá!

Capítulo 12: El Poder de las Palabras Clave: Descubre cómo los Lectores te Encontrarán

Las palabras clave, querido lector, son las luces que parpadean en el oscuro océano de la autopublicación. Puedes tener el libro más emocionante, desgarrador y profundamente emocional de todos los tiempos, pero si tus lectores ideales no pueden encontrarte, no servirá de nada.

Piensa en las palabras clave como señales en una carretera oscura y desconocida, guiando a los viajeros perdidos hacia su destino. Cuando se usan correctamente, pueden ser una de las herramientas más potentes en tu arsenal para asegurarte de que tus lectores te encuentren. Por eso, es fundamental entender cómo funcionan y cómo utilizarlas de manera efectiva.

Pero, ¿qué son exactamente las palabras clave?

En términos simples, son las palabras y frases que los lectores utilizan para buscar libros en línea. Cuando un lector entra en Amazon y escribe "novela de ciencia ficción", por ejemplo, está utilizando palabras clave para buscar lo que desea leer.

El objetivo, entonces, es seleccionar palabras clave para tu libro que reflejen lo que un lector potencial buscaría. Sin embargo, aquí es donde se pone interesante. No solo necesitas pensar en las palabras y frases que un lector podría utilizar para buscar tu libro, sino que también necesitas considerar cómo Amazon y otros motores de búsqueda utilizarán esas palabras clave para mostrar tu libro.

Amazon, por ejemplo, utiliza un algoritmo para determinar qué libros mostrar cuando un lector realiza una búsqueda. Este algoritmo considera una serie de factores, incluyendo el título del libro, la descripción, y sí, las palabras clave.

Por lo tanto, seleccionar palabras clave efectivas no solo es acerca de entender a tu lector ideal, sino también acerca de entender cómo funcionan los algoritmos de búsqueda.

Pero, ¿cómo puedes saber qué palabras clave son las adecuadas para tu libro? ¿Y cómo puedes asegurarte de que estás maximizando tus posibilidades de ser descubierto por tus lectores ideales? Bien, me alegra que me hagas esa pregunta.

Recuerda lo que dijimos en el Capítulo 3 sobre encontrar tu voz única y cómo ese es el núcleo de tu bestseller. Bueno, este principio se aplica también aquí. Tu voz única, tu historia única, atraerá a un tipo único de lector. Y son las palabras clave las que ayudarán a ese lector a encontrarte.

Entonces, vamos a sumergirnos más profundamente en este tema, y exploraremos cómo puedes utilizar el poder de las palabras clave para que tus lectores te encuentren. ¿Estás listo para brillar en la oscuridad?

Como si fueras un detective literario, las palabras clave son tus pistas para resolver el enigma de la visibilidad en línea. Los autores más exitosos han descubierto que el manejo inteligente de las palabras clave puede hacer una gran diferencia en su visibilidad y, en última instancia, en sus ventas.

Sin embargo, escoger las palabras clave no es una cuestión de adivinanza o azar. Requiere un enfoque estratégico y considerado. ¿Recuerdas en el capítulo 5 cuando hablamos sobre cómo las técnicas efectivas de escritura pueden transformar palabras en páginas? Ahora, vamos a transformar palabras en señales de búsqueda.

Te preguntarás, ¿dónde puedo encontrar las palabras clave adecuadas para mi libro? Un buen lugar para comenzar es con tu propio libro. Echa un vistazo a tu título, subtítulo, y descripción. ¿Qué palabras y frases destacan? Estos son los términos que los lectores pueden utilizar para buscar tu libro. Pero no te detengas allí.

Ve más allá. Considera tu género, subgénero, temas, configuración, personajes, y trama. ¿Qué palabras y frases podrían usar los lectores para encontrar libros como el tuyo? ¿Y qué tal las emociones que tu libro evoca, o los problemas que resuelve? Todas estas pueden ser palabras clave potenciales.

Una herramienta útil en este proceso es el 'Generador de palabras clave de Amazon'. Esta herramienta te permite introducir una palabra clave y genera una lista de palabras clave relacionadas que los lectores están utilizando para buscar libros.

Pero la elección de las palabras clave no es solo un juego de números. No se trata solo de elegir palabras clave populares, sino de elegir las que son relevantes para tu libro. Y aquí es donde entra en juego tu conocimiento del lector. El escritor británico Neil Gaiman, conocido por sus obras de fantasía como "American Gods" (2001) y "Coraline" (2002), una vez dijo: "Recuerda siempre que cuando salgas al mundo a hablar tu verdad, muchas personas no querrán oírte. No importa. No es su historia. Es la tuya". Esta idea es igualmente aplicable a la elección de las palabras clave. No se trata de lo que todos los demás están haciendo; se trata de lo que es relevante para tu libro y tus lectores.

Entonces, ahora que tienes una idea de cómo seleccionar palabras clave, ¿cómo las implementas efectivamente? Esta es una cuestión de colocar estas palabras clave estratégicamente en tu listado de libros, sin comprometer la calidad de tu escritura.

Vamos a descubrir cómo hacerlo. ¿Estás listo para iluminar aún más la oscuridad con el poder de las palabras clave? Vamos allá.

Ahora que has seleccionado con cuidado tus palabras clave, es el momento de aprender a implementarlas con precisión quirúrgica. No, no hablo de inundar tu título y descripción con palabras clave hasta que se conviertan en un mar de palabras sin sentido. Hablo de utilizarlas de manera estratégica y natural, de modo que mejoren la capacidad de búsqueda de tu libro sin comprometer la calidad de tu escritura.

Como el famoso autor de marketing Seth Godin, autor de "Purple Cow: Transform Your Business by Being Remarkable" (2003), siempre ha dicho, "El marketing es una competencia para captar la atención de la gente, no una batalla de productos". Y tu principal herramienta para captar esa atención en la plataforma KDP es, sí, lo has adivinado, las palabras clave.

Así que, ¿cómo utilizas estas palabras clave en tu listado de libros de la manera más efectiva? Aquí hay algunas estrategias para tener en cuenta.

Primero, el título y el subtítulo. Tu título debe ser atractivo, y si es posible, debe contener una palabra clave relevante. Tu subtítulo es una excelente oportunidad para incluir más palabras clave mientras das a los lectores más información sobre lo que pueden esperar de tu libro.

Luego está tu descripción. Aquí es donde puedes brillar. Incorpora palabras clave de manera natural en las frases. Recuerda, tu descripción debe ser interesante y atractiva, no un revoltijo de palabras clave. Quieres que los lectores se emocionen por leer tu libro, no que se sientan como si estuvieran leyendo una lista de la compra.

Tu 'sobre el autor' también es un lugar importante para incorporar palabras clave. Si eres conocido en tu campo, o si tienes títulos o logros que son relevantes para tu libro, inclúyelos aquí.

Además de estas áreas, Amazon te permite ingresar hasta siete palabras clave o frases de palabras clave en tu listado de KDP. Esta es una gran oportunidad para apuntar a palabras clave adicionales que no has podido incorporar en tu título, subtítulo o descripción.

Y ahora, un ejemplo para ilustrar todo esto. Imagina que has escrito un libro de cocina vegetariana. Tus palabras clave pueden incluir "recetas vegetarianas", "cocina vegetariana", "comida saludable", "estilo de vida vegetariano", entre otros. En tu título y subtítulo, podrías decir algo como: "Verde en la

Cocina: Descubre las Delicias de la Cocina Vegetariana". Y en tu descripción, puedes hablar sobre cómo el libro ofrece "recetas vegetarianas nutritivas y fáciles de preparar que te ayudarán a adoptar un estilo de vida vegetariano saludable".

Entonces, ¿estás listo para usar el poder de las palabras clave para llevar tu libro a las masas? ¡Vamos a hacerlo! Y recuerda, el viaje no termina aquí. En el próximo capítulo, te guiaré a través del proceso de construir tu identidad de autor, un componente crucial para el éxito de tu libro en KDP. Así que, ¿qué te parece? ¿Estás listo para continuar este viaje de autoedición conmigo?

Ahora que ya estamos en el terreno del marketing online, y que sabemos lo vital que son las palabras clave, también quiero que seas consciente de una verdad fundamental. Los algoritmos cambian, las tendencias fluctúan y los mercados se mueven. Pero, en medio de todo esto, hay una cosa que permanece constante: la necesidad de crear un contenido de calidad.

Al igual que en la obra de Ernest Hemingway "El viejo y el mar" (1952), el pescador no atrapa al enorme marlin solo porque sabe dónde nadan los peces. Lo atrapa porque tiene la habilidad y la tenacidad para luchar con el pez hasta el final. Así, tus palabras clave son simplemente una herramienta para llegar a los lectores, pero tu habilidad para crear un contenido relevante y cautivador es lo que realmente va a engancharlos.

Así que, mientras aplicas estas técnicas de palabras clave, recuerda siempre centrarte en lo que es más importante: proporcionar valor a tus lectores. Escribe con autenticidad, proporciona información útil y mantén a tus lectores en el corazón de todo lo que haces. Al final del día, es esta dedicación a tus lectores lo que convertirá tu libro en un verdadero éxito.

Ahora que ya conoces el poder de las palabras clave, te sentirás más seguro al saber que estás haciendo todo lo posible para que tus futuros lectores te encuentren. Pero, como siempre digo, el conocimiento sin acción es como un coche sin gasolina. Útil para mirar, pero no te llevará a ningún sitio. Así que te animo a que apliques lo que has aprendido aquí hoy. Experimenta, prueba diferentes palabras clave y ve qué funciona mejor para ti. Recuerda, cada paso que das te acerca un paso más a tus sueños de convertirte en un autor exitoso.

Y hablando de sueños, el próximo capítulo va a tratar sobre uno de los aspectos más emocionantes de ser un autor: la creación de tu marca de autor. Hablaremos de cómo puedes construir una identidad como autor que te permita destacar entre la multitud y atraer a más lectores. Te mostraré cómo puedes construir tu credibilidad y conectar con tus lectores en un nivel más profundo. Así que, ¿estás listo para dar el siguiente paso en tu viaje de autoedición? Te espero en el próximo capítulo, amigo mío. Y recuerda, cada paso que das te acerca un poco más a tu sueño de ser un autor publicado exitosamente. No dejes que nada te detenga.

Capítulo 13: Creando Tu Autor Branding: Construye tu Identidad y Credibilidad

Deja que te haga una pregunta, amigo mío: ¿Alguna vez has escogido un libro solo porque reconoces el nombre del autor? Si tu respuesta es sí, entonces has experimentado el poder del branding de autor en acción.

¿Qué es exactamente el branding de autor? Pues bien, al igual que Apple es sinónimo de tecnología innovadora, y Coca-Cola es sinónimo de refrescos, tú también puedes construir una marca personal que te distinga en el mar de autores autopublicados. El branding de autor es el proceso de construir tu identidad y credibilidad como escritor, creando una impresión única y coherente en la mente de tus lectores.

¿Por qué es tan importante el branding de autor? Bueno, piensa en un autor que te guste mucho. Puede ser alguien como J.K. Rowling (Harry Potter, 1997), Stephen King (Carrie, 1974), o incluso el novelista de misterio Agatha Christie (Asesinato en el Orient Express, 1934). Cuando ves su nombre en la portada de un libro, sabes exactamente lo que vas a obtener, ¿verdad? Este es el poder del branding de autor.

Pero no pienses que esto es solo para los autores de bestsellers. No importa si estás comenzando tu viaje de escritura o si ya tienes varios libros bajo tu cinturón, todos los autores pueden -y deben- dedicar tiempo a construir su marca personal. El branding de autor no es solo acerca de vender libros, sino de construir relaciones con tus lectores, de hacer que confíen en ti y en tu capacidad para entregar un contenido de calidad una y otra vez.

Aquí es donde muchos autores tropiezan. El branding no es solo acerca de diseñar un logo bonito o escoger una paleta de colores atractiva, aunque estos elementos pueden ser parte del proceso. Es más bien una representación de quién eres como autor, de lo que representas y de lo que tus lectores pueden esperar de ti. Es una promesa implícita de calidad, consistencia y estilo que haces a tus lectores.

Crear un branding de autor eficaz es un proceso que lleva tiempo y reflexión. Pero, ¿sabes qué es lo mejor? Que es un proceso que puedes disfrutar, pues es una forma de explorar tu creatividad y tu voz única como escritor.

Así que, ¿estás listo para sumergirte en el fascinante mundo del branding de autor? ¿Estás listo para empezar a construir tu identidad y credibilidad como escritor? Si tu respuesta es un entusiasta "¡Sí!", entonces acompáñame en este viaje. Porque, amigo mío, vamos a construir un branding de autor que haga que tus lectores te recuerden y, lo que es más importante, que los haga regresar por más.

Antes de adentrarnos en los detalles de cómo puedes construir tu branding de autor, permitamos que grandes escritores nos iluminen con su sabiduría. Una autora que personifica a la perfección el poder del branding de autor es J.K. Rowling. Ella creó un universo completamente nuevo y nos lo hizo sentir como algo familiar y amado. Desde los primeros pasos de Harry en la estación de King's Cross hasta el emocionante final, ella nos llevó a través de una serie de experiencias inolvidables que dejaron huella en nuestra memoria. ¿Y cómo lo hizo? A través de una narrativa coherente y personajes memorables que reflejaban su estilo y voz únicos.

Ahora, quizás te estés preguntando: "¿Cómo puedo lograr algo similar?" Pues bien, eso es exactamente lo que vamos a explorar. Así que, toma tu varita mágica (o tu pluma, si prefieres), y preparémonos para explorar el arte del branding de autor.

En primer lugar, debes comprender quién eres como autor. ¿Qué te distingue de otros escritores? ¿Cuáles son tus fortalezas y pasiones únicas? ¿Qué tipo de historias te gusta contar? Al igual que los personajes en nuestras historias tienen características únicas, cada autor tiene un conjunto de atributos que los hacen especiales. La clave está en descubrirlos y usarlos para construir tu marca.

Una forma eficaz de comenzar a descubrir tu branding de autor es pensar en las reseñas que te gustaría que tus lectores escriban sobre tus libros. ¿Qué palabras esperas que utilicen para describir tus obras? ¿Quieres que te conozcan por tus personajes bien desarrollados, tus tramas emocionantes, tu ingenio, tu habilidad para transmitir emociones, tu perspicacia para los detalles?

Estas palabras y frases te darán una pista sobre el tipo de autor que quieres ser y, por lo tanto, el tipo de marca que quieres construir. Recuerda, no puedes ser todo para todos, así que es mejor concentrarte en tus fortalezas y en lo que te apasiona. Y si hay algo que has aprendido de los capítulos anteriores, es que la autenticidad es el camino más corto hacia los corazones de tus lectores.

¿Te sientes un poco abrumado? No te preocupes, es normal. Como decía el legendario autor de ciencia ficción Arthur C. Clarke (2001: Una odisea en el espacio, 1968), "El único camino de descubrimiento consiste no en buscar nuevos paisajes, sino en tener nuevos ojos". Y eso es precisamente lo que estamos haciendo aquí, ayudándote a ver con nuevos ojos tu identidad como escritor y la impresión que quieres dejar en tus lectores.

Y como un amigo que te acompaña en este camino, te diré algo: no necesitas tenerlo todo resuelto en este momento. La creación de tu marca es un viaje, no un destino. Puede evolucionar y crecer contigo a medida que maduras como escritor. Así que, da el primer paso, y el camino se despejará a medida que avances.

Al final, el branding de autor se reduce a una pregunta muy simple: ¿Cómo quieres que el mundo vea tu escritura? Esta es una pregunta que solo tú puedes responder, así que tómate el tiempo necesario para reflexionar y meditar sobre ello.

Ahora, profundicemos un poco más en las formas concretas de cómo puedes construir y refinar tu marca de autor. Aquí es donde las cosas se ponen realmente interesantes, ¿no crees? Y siempre es útil tener ejemplos concretos en mente, así que vamos a ver algunos casos notables.

La famosa autora de novelas de misterio Agatha Christie (asesinato en el Orient Express, 1934) tenía un estilo de escritura y una marca personal tan reconocible que cuando, bajo el seudónimo de Mary Westmacott, empezó a escribir novelas románticas, los críticos tardaron poco tiempo en identificar quién estaba realmente detrás de la pluma. Christie creó un estilo propio, una forma única de tejer misterios y personajes que dejó una huella imborrable en la mente de los lectores. Eso es branding de autor en su máxima expresión.

Entonces, ¿cómo puedes emular a autores como Christie y Rowling y crear una marca de autor que sea auténticamente tuya?

Un componente importante de tu branding es tu voz de escritura. Esta voz es lo que te hace reconocible, incluso si cambias de género o escribes bajo un seudónimo. Piensa en ella como la firma que dejas en cada una de tus obras. En el Capítulo 3 hablamos sobre cómo encontrar tu voz única, por lo que te animo a revisarlo si necesitas un pequeño recordatorio.

Tu branding de autor también se basa en los temas que eliges explorar en tus obras. ¿Hay un mensaje o una pregunta que estás constantemente tratando de responder a través de tus historias? ¿Hay un tipo específico de personajes o situaciones que siempre te encuentras escribiendo? Todo esto ayuda a formar tu identidad de autor.

Pero, ¿sabes qué? No todo es solo sobre tu escritura. El branding de autor también tiene mucho que ver con cómo te presentas y te relacionas con tus lectores. Por ejemplo, si escribes novelas de ciencia ficción, puedes posicionarte como un amante de la ciencia y la tecnología, compartiendo noticias y opiniones relevantes con tu audiencia. O si escribes romance, podrías compartir historias de amor de la vida real o tus propios pensamientos y experiencias sobre el amor y las relaciones.

Piensa en tu branding como una promesa que haces a tus lectores. Es la garantía de que, sin importar el libro que elijan, recibirán una experiencia que cumple con sus expectativas. Y la belleza de esta promesa es que se construye a lo largo del tiempo, libro tras libro, interacción tras interacción.

Esto podría parecer un trabajo duro y, para ser sincero, lo es. Pero, como mencionó Stephen King en "On Writing: A Memoir of the Craft" (2000), "la escritura es un trabajo solitario... pero si te encanta, entonces es la mejor vida posible". Y yo agregaría que si amas lo que haces y te esfuerzas por compartirlo con los demás a través de tu marca de autor, entonces estás en el camino correcto para construir una carrera exitosa y gratificante en la escritura.

¿Estás listo para embarcarte en esta emocionante aventura? ¡Vamos, no hay tiempo que perder!

Ahora que hemos explorado el concepto de branding de autor, espero que veas su poder y su potencial para marcar la diferencia en tu carrera como escritor. Pero recuerda, este es solo un paso en tu viaje. Todavía queda mucho camino por recorrer y muchos secretos por descubrir.

Además, como siempre digo, es crucial recordar que este proceso lleva tiempo. No esperes construir una marca sólida de la noche a la mañana. Tómate tu tiempo, sé auténtico y mantén el enfoque en lo que realmente te importa. Esto resonará con tus lectores y ayudará a establecer una relación fuerte y duradera con ellos.

Y si te sientes perdido en algún momento, no te preocupes. Todos nosotros, incluso los escritores más experimentados, hemos tenido momentos de duda e incertidumbre. Pero el verdadero arte de la escritura reside en enfrentar estos desafíos y aprender de ellos.

Así que, ¿qué te parece si seguimos adelante y continuamos nuestro viaje juntos? En el próximo capítulo, hablaremos de cómo puedes cultivar una relación sólida y duradera con tus lectores. Descubriremos las formas en que puedes interactuar con tu audiencia de manera efectiva y auténtica. Exploraremos las diferentes plataformas y medios disponibles para que puedas mantener a tus lectores comprometidos y emocionados por tus próximas obras.

En otras palabras, vamos a aprender cómo convertir a tus lectores en verdaderos fanáticos. ¿No suena eso emocionante? Creo que va a ser una aventura fascinante, llena de sorpresas y descubrimientos. No sé tú, pero ya estoy impaciente por comenzar.

Así que, ¿estás listo para pasar al siguiente nivel y convertirte en un autor amado por tus lectores? ¿Estás listo para profundizar en las formas de construir una comunidad de lectores apasionados y comprometidos? Si tu respuesta es sí, entonces no puedo esperar para verte en el próximo capítulo. Recuerda, este es tu viaje y estoy aquí para ayudarte en cada paso del camino.

Avancemos juntos, querido amigo, y descubramos los secretos de cómo mantener a tus lectores enganchados y ansiosos por más. Te espero en el próximo capítulo. Hasta pronto.

Capítulo 14: Usando las Herramientas KDP: Haz que el Sistema Trabaje para Ti

¿Alguna vez has pensado en todas las herramientas y recursos disponibles que la plataforma de Kindle Direct Publishing (KDP) ofrece a los autores? Si has llegado hasta aquí, es probable que ya conozcas algunas de estas herramientas. Pero, ¿estás seguro de que estás aprovechando todas al máximo? ¿Y si te dijera que, con solo un poco más de conocimiento, podrías hacer que el sistema trabaje aún más para ti?

Esto puede sonar casi demasiado bueno para ser verdad, pero no lo es. Con las herramientas adecuadas, puedes optimizar tu libro para la visibilidad en la tienda Kindle, maximizar tus ganancias y mucho más. En este capítulo, vamos a adentrarnos en estas herramientas y a aprender a usarlas en todo su potencial.

Permíteme hacerte una pregunta: ¿alguna vez has probado a cocinar una receta nueva sin las herramientas de cocina adecuadas? Tal vez tenías un cuchillo que no era lo suficientemente afilado, o no tenías una cuchara medidora para medir con precisión los ingredientes. ¿Cuál fue el resultado? Probablemente no fue tan bueno como esperabas, ¿verdad? Algo similar sucede cuando intentas publicar un libro en KDP sin utilizar todas las herramientas disponibles. Puedes lograr algo, sí, pero no alcanzarás todo tu potencial.

La buena noticia es que KDP ofrece una amplia variedad de herramientas diseñadas específicamente para ayudarte a tener éxito. Desde la herramienta de previsualización Kindle (para asegurarte de que tu libro se vea exactamente como tú quieres), hasta el KDP Select (que te da acceso a programas promocionales exclusivos), hay muchas formas en las que KDP puede ayudarte a alcanzar tus metas como autor.

Entonces, ¿por qué es tan importante aprovechar estas herramientas? Bueno, te voy a contar un pequeño secreto: En el mundo de la autoedición, la diferencia entre el éxito y el fracaso a menudo se reduce a cuánto estás dispuesto a aprender y aplicar. Como decía Brian Herbert, hijo del famoso autor de ciencia ficción Frank Herbert y coautor de numerosos libros de la saga "Dune", "El capacitado vive en todas partes". (The Little Green Book of Chairman Rahma, 2014). Y es que, en realidad, nadie nace sabiendo. Pero la disposición a aprender y a mejorar constantemente puede marcar la diferencia.

Así que, ¿estás listo para aprender a hacer que el sistema de KDP trabaje para ti? ¿Estás listo para descubrir cómo estas herramientas pueden ayudarte a maximizar tu éxito como autor? Si tu respuesta es un rotundo "¡Sí!", entonces, amig@ mío, estás en el lugar correcto. Prepárate, porque estamos a punto de embarcarnos en un viaje a través de las fascinantes herramientas que ofrece KDP. Te prometo que será una aventura reveladora, así que ponte cómodo y prepárate para descubrir secretos que te harán ver la plataforma KDP desde una nueva y sorprendente perspectiva.

Y recuerda, como dijimos en el Capítulo 12, las palabras clave son una herramienta crucial en tu arsenal de KDP. Pero las palabras clave son solo una de las muchas herramientas a tu disposición.

Como autor de KDP, tendrás acceso a algo llamado "Kindle Direct Publishing Dashboard", un tablero de mando desde el cual podrás controlar todo, desde la subida de tu libro hasta la configuración de tu perfil de autor y mucho más. Es como el centro de comando de tu carrera como autor. Ya te mencioné brevemente en el Capítulo 7 sobre la importancia de las correcciones y ediciones, y cómo el panel de KDP te ayuda en este aspecto. Pero hay mucho más que puedes hacer con él.

Desde el panel de KDP, puedes ver informes detallados de ventas y ganancias. Estos informes te permitirán rastrear qué libros tuyos se venden mejor y cuánto estás ganando de cada uno. Podrás ver dónde se están comprando tus libros, lo que puede ayudarte a enfocar tus esfuerzos de marketing. ¿No es fascinante lo mucho que puedes descubrir?

Además, tendrás la oportunidad de gestionar tus promociones de KDP Select directamente desde tu panel. Si ya estás inscrito en KDP Select, puedes usar este panel para hacer un seguimiento de tus promociones y ver cómo están funcionando.

Ahora, ¿alguna vez has leído un libro y te has preguntado qué pensarán los demás sobre él? La herramienta "Community" de KDP te permitirá obtener la respuesta a esa pregunta. Aquí, podrás ver las reseñas de tus libros, interactuar con tus lectores y mucho más. Recuerda, uno de los beneficios más gratificantes de ser autor es conectar con los lectores, y la herramienta Community te lo pone fácil.

Ahora bien, podrías pensar que todas estas herramientas son bastante intuitivas y no necesitas saber más al respecto. Pero déjame contarte algo que decía Thomas Edison, uno de los inventores más prolíficos de la historia: "No sabemos la milésima parte de uno por ciento acerca de cualquier cosa" (Diario de Edison, 1885). Esto significa que siempre hay más que aprender, más maneras de crecer y mejorar.

Así que, ¿estás dispuesto a aprender a sacarle todo el jugo a estas herramientas? ¿Estás listo para hacer que el sistema de KDP trabaje para ti en lugar de simplemente trabajar en el sistema? Si es así, entonces ya has dado el primer paso hacia el éxito en la autoedición. Pero aún queda mucho camino por recorrer. Así que, ven conmigo, querid@ amig@. Vamos a profundizar aún más en las maravillas de KDP. No podemos más que sorprendernos y deleitarnos con las posibilidades que están a nuestro alcance. ¡Adelante!

Veamos, querido lector, ¿te has preguntado alguna vez cómo es posible que Amazon, la mayor tienda en línea del mundo, pueda manejar millones de productos y mantener todo en orden? Bueno, todo se debe a un conjunto de herramientas conocidas como "algoritmos". Y sí, tienes razón, también se aplican a los libros autopublicados en KDP. De hecho, uno de los aspectos más interesantes de la publicación con KDP es cómo puedes hacer que estos algoritmos trabajen a tu favor. ¿Listo para explorar esto juntos?

Mencioné antes el concepto de palabras clave, y la importancia de elegir las adecuadas para que tus libros sean descubiertos por los lectores correctos. Pero, ¿sabías que Amazon tiene un algoritmo llamado A9 que rastrea estas palabras clave? Este algoritmo es responsable de la búsqueda y clasificación de los productos en Amazon, incluyendo tu libro. Y por supuesto, la forma en que usas tus palabras clave puede influir en cómo este algoritmo clasifica tu libro.

Por ejemplo, si tu libro trata sobre "la meditación para principiantes" y utilizas esta frase como una de tus palabras clave, cada vez que alguien busque "meditación para principiantes" en Amazon, tu libro tiene la posibilidad de aparecer en los resultados de búsqueda. Así es cómo puedes hacer que el algoritmo de Amazon trabaje para ti.

Pero, te estarás preguntando, ¿cómo puedo hacerlo bien? ¿Cómo puedo asegurarme de que mis palabras clave sean efectivas? Aquí es donde entra en juego otra herramienta de KDP, Kindlepreneur's Keyword Tool. Esta es una herramienta fantástica que te permite investigar y seleccionar las palabras clave más efectivas para tu libro. Como bien decía el escritor y filósofo Samuel Johnson en el siglo XVIII, "El lenguaje es el vestido de los pensamientos" (The Idler, 1758). Y en este caso, el lenguaje que elijas en forma de palabras clave puede ser el atuendo que haga que tu libro destaque entre la multitud.

Pero no todas las herramientas están orientadas a la optimización de las palabras clave. Hay mucho más en KDP que puede ayudarte a maximizar tus ventas y a conectar con tus lectores de manera más efectiva. ¿Listo para profundizar más en este viaje por el universo de las herramientas KDP? ¿Estás listo para convertirte en el capitán de tu propia nave literaria? Si la respuesta es sí, entonces estás en el camino correcto, amig@ mío. Avancemos juntos hacia el horizonte de la autoedición.

Sí, mi querido amigo, estamos explorando territorios inexplorados, desvelando secretos guardados por mucho tiempo en el misterioso mundo de la autoedición. Estamos aprendiendo a dominar las herramientas que KDP nos proporciona para que nuestras palabras lleguen a quienes las anhelan. ¿Puedes sentir la emoción? ¡Sí, es el cosquilleo de estar a punto de lanzar tu primer libro en KDP!

Por supuesto, no podríamos terminar esta conversación sin mencionar uno de los recursos más útiles que KDP ofrece: las promociones de Kindle. Imagina poder ofrecer tu libro a un precio reducido o incluso gratis durante un período de tiempo limitado. ¿Sabías que estas promociones pueden ayudarte a aumentar tu visibilidad y a atraer a más lectores? Pero no te preocupes, profundizaremos más sobre las estrategias de promoción efectivas en el Capítulo 22.

Ahora, piensa en lo que hemos recorrido juntos en este capítulo. Hemos desentrañado las herramientas de KDP y aprendido cómo pueden ayudarnos a maximizar nuestra visibilidad y alcance. Hemos hablado del misterioso algoritmo de Amazon y cómo puede convertirse en nuestro aliado. Y por supuesto, hemos aprendido sobre la importancia de las palabras clave y cómo pueden ser la clave para conectarnos con nuestros lectores ideales.

Creo que es seguro decir que hemos cubierto bastante terreno. Pero como el famoso autor y pensador británico Aldous Huxley dijo una vez: "Cada hombre que sabe cómo leer tiene en su poder la capacidad de magnificar a sí mismo, de multiplicar las formas en que existe, de hacer su vida plena, significativa y significante" (Music at Night, 1931). Y eso es exactamente lo que estamos haciendo aquí, ¿no te parece?

Así que, ¿estás listo para el siguiente paso? Porque en el próximo capítulo, vamos a sumergirnos en el emocionante proceso de publicar tu primer libro en KDP. Te prometo que será un viaje fascinante, lleno de descubrimientos y triunfos.

¿Estás listo para llevar tu libro al mundo y comenzar a vivir el sueño de ser un autor publicado? Te aseguro que estás a punto de embarcarte en una de las aventuras más gratificantes de tu vida.

Vamos, querido amigo, no perdamos más tiempo. El mundo está esperando tu historia. Y estoy seguro de que estás más que listo para compartirla. Entonces, ¿qué dices? ¿Nos adentramos juntos en el próximo capítulo de nuestro viaje? Estoy emocionado de acompañarte en cada paso del camino. ¿Vamos allá?

Capítulo 15: Publicando Tu Primer Libro en KDP: Un Paso a Paso Detallado

¡Ah, amigo mío! Finalmente hemos llegado a este punto tan anhelado, ¿verdad? Aquí estamos, listos para transformar todo ese trabajo arduo, todas esas noches de insomnio y todas esas tazas de café en algo tangible, algo que puedes sostener en tus manos, algo que puedes compartir con el mundo. Estamos a punto de publicar tu primer libro en KDP. ¿No es emocionante? Sí, lo es, y mucho.

Permíteme empezar con una simple pregunta, ¿qué te impulsó a escribir tu primer libro? Tal vez fue la pasión por contar historias, o un impulso de compartir tus ideas y conocimientos con el mundo. O tal vez, como muchos escritores, sentiste la necesidad imperiosa de dejar tu huella en el mundo, de marcar una diferencia, de cambiar vidas con tus palabras. Sea cual sea tu razón, estoy seguro de que fue un motor poderoso que te llevó a través de todo este viaje, y sigue encendido, alimentando tu determinación y tu sueño.

Ahora, imagina por un momento, ¿cómo se sentirá cuando finalmente hagas clic en ese botón de "publicar" en KDP? ¿Cuando veas tu libro en Amazon, listo para ser descubierto por lectores de todo el mundo? Esa, mi querido amigo, es la emoción de la que estamos hablando. Esa es la recompensa que te espera al final de este viaje.

Pero, antes de dejarnos llevar por la emoción, volvamos a la realidad. Sí, la publicación en KDP es un proceso emocionante, pero también puede ser un poco abrumador, especialmente si es tu primera vez. No te preocupes, estoy aquí para guiarte en cada paso del camino. Juntos, desmitificaremos este proceso y lo convertiremos en una experiencia agradable y gratificante. ¿Estás listo? ¡Vamos allá!

La publicación de tu primer libro en KDP implica una serie de pasos detallados que vamos a abordar uno a uno. Pero antes de hacerlo, quiero que entiendas algo: cada paso es esencial. Cada uno tiene su propósito y su valor. No importa lo pequeño o insignificante que pueda parecer, cada paso es un eslabón en la cadena que nos lleva al objetivo final: tu libro publicado y listo para ser leído por el mundo.

Y no solo eso, cada paso es también una oportunidad para aprender y crecer como escritor. Como dijo el célebre autor Stephen King en su libro "On Writing: A Memoir of the Craft" (2000), "La escritura es la magia, al igual que el agua es agua. Y si no puedes ser cautivado por la magia, entonces no deberías estar haciéndolo". Así que, permítete disfrutar de cada momento de este proceso. Permítete ser cautivado por la magia.

¿Estás listo para comenzar? Recuerda, estamos en esto juntos. Tienes un compañero en este viaje, y juntos, lo lograremos. Veamos entonces el primer paso de nuestro viaje en la publicación de tu primer libro en KDP.

Vayamos al grano. El primer paso para publicar en KDP es, por supuesto, registrarte en la plataforma. Este es un proceso sencillo, parecido a la creación de cualquier cuenta online. Necesitarás una dirección de correo electrónico válida y una contraseña segura. No te preocupes, Amazon protege tu privacidad y mantiene tu información segura.

Una vez que hayas iniciado sesión en KDP, verás una serie de opciones en tu tablero. ¿Te sientes un poco abrumado? No te preocupes, estoy aquí para ayudarte a desglosarlo. Porque como dijo el famoso autor y experto en productividad David Allen en su libro "Getting Things Done" (2001), "Usted puede hacer cualquier cosa, pero no todo". Así que vamos a concentrarnos en lo que es relevante para nosotros en este momento.

La opción que nos interesa es "Crear un nuevo Kindle eBook". Haz clic en ella y serás llevado a una nueva página con varios campos que debes rellenar. ¿Te sientes nervioso? Es natural. Pero recuerda, cada gran viaje comienza con un pequeño paso. Y este, amigo mío, es un gran paso en tu viaje como escritor.

Comencemos con el título de tu libro. Este es, por supuesto, muy importante. No solo porque es la primera cosa que los lectores verán, sino también porque, como discutimos en el Capítulo 10, el título puede tener un gran impacto en la percepción de los lectores y su decisión de comprar o no tu libro. Así que tómate tu tiempo para pensarlo bien.

El siguiente paso es la descripción de tu libro. Esto es, básicamente, tu oportunidad de vender tu libro a los posibles lectores. ¿Recuerdas lo que discutimos en el Capítulo 11 sobre la descripción que vende? Aquí es donde pones todo eso en práctica. Recuerda, quieres captar la atención de los lectores y hacerles querer leer más. Entonces, hazlo intrigante, emocionante y, sobre todo, atractivo.

Después viene la elección de las palabras clave y las categorías. Esta es una parte crucial de la publicación en KDP, ya que puede influir en cómo los lectores encuentran tu libro. De hecho, discutimos esto en detalle en el Capítulo 12.

Ya vamos avanzando, ¿no es emocionante? Cada paso que tomas te acerca más a tu sueño de publicar tu libro. Y recuerda, siempre estoy aquí, a tu lado, animándote y guiándote en cada paso del camino. Porque como dijo el gran escritor C.S. Lewis, "Somos lo que creemos que somos". Y yo creo que tú, querido amigo, eres un escritor increíble, lleno de ideas y talento, y mereces compartir tus palabras con el mundo.

Continuaremos con más pasos en la próxima sección. Por ahora, respira hondo y reconoce lo lejos que has llegado. Te lo has ganado.

Perfecto, volvamos a ello. En la última sección, te dejé con una sensación de logro y anticipación. Ahora, continuemos con nuestro viaje paso a paso a través del proceso de publicación en KDP.

Una vez que hayas terminado de elegir tus palabras clave y categorías, el siguiente paso es subir tu manuscrito. Aquí es donde todo tu trabajo duro, todas esas horas de escritura y edición, finalmente se materializan en forma de un libro completo.

Tienes varias opciones para subir tu manuscrito. Puedes cargar un archivo de Word, un archivo HTML, un archivo MOBI o un PDF. KDP convertirá automáticamente tu manuscrito en un formato de eBook. Es recomendable que revises cuidadosamente tu manuscrito después de que KDP lo haya convertido para asegurarte de que todo se ve bien.

Ahora, vamos a hablar sobre la portada de tu libro. Como mencionamos en el Capítulo 9, la portada de tu libro es esencial para atraer a los lectores. KDP ofrece una herramienta de creación de portadas que puedes utilizar, o puedes subir tu propia portada si ya tienes una.

Aquí es donde se pone un poco técnico, pero no te preocupes, te tengo cubierto. Recuerda que la portada debe tener una proporción de 1.6:1. Esto se refiere a la relación entre el ancho y la altura. La portada debe ser de 2560 píxeles en el lado más largo, y de 1600 píxeles en el lado más corto.

Sé que puede parecer complicado, pero piensa en ello de esta manera: estás construyendo una casa. Necesitas las medidas correctas para que todo encaje perfectamente. Lo mismo ocurre con la portada de tu libro. Necesitas las proporciones correctas para que se vea bien en la página del producto y en el lector de Kindle.

Antes de seguir adelante, quiero tomarme un momento para reconocer todo lo que has logrado hasta ahora. Publicar un libro no es fácil. Requiere coraje, determinación y una gran cantidad de trabajo duro. Y aquí estás, haciendo exactamente eso. Como dijo el autor Robert Collier, "El éxito es la suma de pequeños esfuerzos, repetidos día tras día". Cada paso que das te acerca más a tu objetivo.

Bien, ahora que hemos cubierto la portada de tu libro, estamos listos para el próximo paso: establecer tu precio y tus derechos de autor. Pero antes de entrar en eso, tomemos un respiro. Absorbe todo lo que has aprendido y prepárate para la última sección de este capítulo. Juntos, vamos a hacer que tu libro sea una realidad.

Aquí estamos, al final de este apasionante capítulo, pero no al final de nuestro viaje. Ahora, te acompañaré a través de los últimos pasos del proceso de publicación en KDP.

Una vez que tu manuscrito esté listo y la portada esté preparada, KDP te llevará a la página "Precios". Aquí es donde determinarás cuánto cobrarás por tu libro. Este es un aspecto importante de la publicación que requiere una consideración cuidadosa, y del que hablaremos más a fondo en el Capítulo 16.

Antes de eso, también tienes la opción de inscribir tu libro en KDP Select. Esto significa que tu libro estará disponible exclusivamente en Kindle y Kindle Unlimited. La inscripción a KDP Select puede ofrecerte oportunidades para aumentar tus ingresos y ganar nuevos lectores, pero también tiene limitaciones, así que considera esta opción detenidamente.

Ahora, mi amigo, estamos a solo un clic de distancia de publicar tu libro. Una vez que hayas revisado todo, puedes hacer clic en "Publicar tu Kindle eBook". ¿Sientes ese hormigueo de anticipación? Eso es la emoción de estar a punto de compartir tu obra con el mundo.

Pero espera, no apresuremos las cosas. Hay un paso final que a menudo se pasa por alto: revisar todo minuciosamente. Tómate un momento para repasar cada detalle. Asegúrate de que todo es exactamente como lo deseas.

Una vez que estés completamente satisfecho, entonces sí, adelante. Haz clic en ese botón de publicación. ¡Felicidades! Acabas de publicar tu primer libro en KDP. Como dijo Mark Twain, "El secreto para seguir adelante es comenzar".

Sin embargo, como todos los buenos autores saben, publicar un libro es solo el comienzo. El siguiente capítulo de tu viaje es maximizar tus beneficios y alcanzar a más lectores. Pero no te preocupes, estaré contigo en cada paso del camino.

¿Estás listo para seguir adelante? El Capítulo 16 te espera, listo para guiarte a través del laberinto de precios y royalties. Hay mucho más por descubrir y aprender, y estoy emocionado de compartirlo contigo.

Así que tómate un respiro, celebra tu logro y prepárate para el próximo capítulo de tu aventura de publicación. Te prometo que será igual de emocionante, si no más, que lo que ya hemos recorrido juntos.

Sigue leyendo, amigo mío. Tu viaje acaba de comenzar.

Capítulo 16: Precios y Royalties: Maximizando Tus Beneficios

Estoy emocionado, amigo mío, porque hoy nos enfrentamos a uno de los aspectos más cruciales y a la vez más emocionantes del viaje de la autoedición: determinar el precio de tu libro y entender cómo se estructuran los royalties. Si te preguntas por qué es tan importante, permíteme presentarte con una metáfora.

Imagina por un momento que eres un alquimista en el antiguo mundo, buscando la piedra filosofal que convierte el metal común en oro puro. Tu libro, ese trabajo de amor y dedicación, es el metal precioso que has forjado con esfuerzo y paciencia. Pero encontrar el precio correcto y comprender los royalties, bueno, esa es tu piedra filosofal. Ese es el arte que puede transformar tu trabajo en una forma de ingresos sustentable y gratificante.

Dicho esto, la tarea de determinar el precio de tu libro puede parecer abrumadora. ¿Cuánto vale tu trabajo? ¿Cómo puedes equilibrar la necesidad de ser compensado justamente por tu esfuerzo con el deseo de llegar a tantos lectores como sea posible? Estas son preguntas importantes, y si te sientes un poco perdido, no estás solo.

Pero te tengo buenas noticias: hay una ciencia para hacer esto, y al igual que cualquier ciencia, una vez que comprendas los principios subyacentes, verás que no es tan complicado como parece.

El primer principio a tener en cuenta es que el precio de tu libro no es simplemente una etiqueta que pegas en la portada. Es una comunicación, una señal que envías a tus lectores potenciales sobre el valor que estás ofreciendo.

Los compradores de libros son como los alquimistas de nuestra metáfora. Buscan valor y están dispuestos a pagar por él, pero no todos valoran lo mismo. Algunos buscan una lectura rápida y entretenida y están dispuestos a pagar menos por ello. Otros, en cambio, buscan conocimiento y experiencia, y pueden estar dispuestos a pagar más si creen que tu libro ofrece eso.

Por lo tanto, al determinar el precio de tu libro, debes preguntarte: ¿Qué valor estoy ofreciendo a mis lectores? ¿Cómo se compara con otros libros en mi género o nicho? Si necesitas ayuda para responder a estas preguntas, te invito a revisar el Capítulo 12, donde discutimos el poder de las palabras clave y cómo pueden ayudarte a entender mejor a tu audiencia.

Recuerda, la fijación de precios es una habilidad, un arte delicado. Se trata de encontrar el equilibrio adecuado entre tu valor percibido y la voluntad del lector de pagar. Y como cualquier habilidad, mejora con la práctica.

No quiero que te sientas abrumado por todo esto. Al contrario, quiero que te emociones. Estás a punto de convertir tu pasión en un ingreso, y eso es algo maravilloso. Así que acompáñame, amigo mío, mientras continuamos este viaje y descubrimos juntos cómo maximizar tus beneficios a través de la fijación de precios y los royalties.

Entramos ahora en el núcleo de la cuestión: el maravilloso mundo de los royalties. Si el precio de tu libro es la piedra filosofal, entonces los royalties son el oro que resulta de tu alquimia. Pero, ¿qué son exactamente los royalties y cómo funcionan?

En términos más simples, los royalties son tu porción de las ganancias cada vez que se vende una copia de tu libro. Piénsalo como la recompensa que recibes por compartir tu arte, tus ideas, y tu corazón con el mundo. Y, al igual que con la fijación de precios, hay una ciencia detrás de cómo se calculan los royalties.

En KDP, los royalties se determinan en función de una serie de factores, que incluyen el precio de lista de tu libro, el formato del libro (por ejemplo, Kindle, tapa blanda), los costos de impresión (para libros físicos), y las regalías que elijas (para libros Kindle). Es un sistema diseñado para ser lo más justo y equitativo posible, y ofrece flexibilidad para que puedas tomar decisiones que maximicen tus beneficios.

Recuerda la obra de Mark Dawson, "The Cleaner" (2013), un thriller que cautivó a lectores de todo el mundo. Dawson comenzó vendiendo su libro a un precio bajo para atraer lectores y luego gradualmente lo incrementó, maximizando sus royalties a medida que su popularidad crecía. Este es un claro ejemplo de cómo el entendimiento del sistema de precios y royalties puede llevar a tu éxito como autor.

Estoy seguro de que te preguntas: "¿Cómo puedo calcular mis royalties?" No te preocupes, KDP ofrece una calculadora de royalties que puedes usar para hacer justamente eso.

Simplemente ingresas el precio de lista y los detalles de tu libro, y te dirá exactamente cuánto ganarás por cada venta.

Ahora bien, puede que te preguntes: "¿Por qué debería preocuparme por todo esto? ¿No puedo simplemente escribir mi libro y dejar que alguien más se encargue de los detalles financieros?" Bueno, podrías hacerlo, por supuesto. Pero recuerda, amigo mío, la autoedición es una jornada que te da el control total sobre tu trabajo. Y con ese control viene la posibilidad de maximizar tus beneficios y hacer que tu pasión por la escritura sea económicamente viable.

Así que vamos a adentrarnos más en este tema y averiguar cómo puedes usar este sistema para tu beneficio. Recuerda, no estás solo en esto. Estoy aquí contigo, y juntos podemos convertir tu pasión en algo verdaderamente gratificante.

Ahora que tienes una comprensión sólida de los fundamentos de los royalties, vamos a explorar las complejidades que los rodean. Y como siempre, te proporcionaré ejemplos claros para ilustrar estos conceptos.

¿Recuerdas el ejemplo que te di sobre Mark Dawson? Bueno, hay una pequeña parte de su historia que no te conté. Cuando Dawson publicó "The Cleaner", eligió el programa KDP Select, una opción que le permitió obtener beneficios adicionales de la suscripción a Kindle Unlimited y el préstamo de la Biblioteca de préstamo de Kindle. Para Dawson, fue una opción que funcionó. Y aunque tu libro y tu camino pueden ser diferentes, es una estrategia que vale la pena considerar.

Ahora, podría ser fácil dejar que todas estas opciones y consideraciones te abrumen, pero quiero que recuerdes esto:

cada decisión que tomas es un paso en tu viaje de autoedición. Algunos pasos pueden ser más grandes que otros, y algunos pueden parecer insignificantes en el gran esquema de las cosas, pero todos son importantes. ¿Recuerdas a J.K. Rowling y su serie de "Harry Potter" (1997)? Todos esos detalles a los que prestó atención hicieron que la saga fuera tan envolvente y memorable.

No hay una talla única para todos cuando se trata de fijar precios y royalties. Cada libro, cada autor y cada mercado son diferentes. Es por eso que debes tratar de entender todos los matices de los precios y los royalties, para poder tomar la decisión correcta para tu libro.

En resumen, aquí tienes algunos consejos para maximizar tus beneficios:

1. Establece un precio competitivo para tu libro. Esto significa observar qué están cobrando otros autores en tu género y tratar de encontrar un punto óptimo que maximice tanto tus ventas como tus royalties.
2. Considera la posibilidad de inscribirte en programas como KDP Select para obtener beneficios adicionales.
3. No subestimes el valor de las ventas de impresión. Aunque la publicación de ebooks es increíblemente popular, muchos lectores todavía aprecian la sensación de un libro físico en sus manos.

¿Te sientes un poco más cómodo con todo esto? Espero que sí. Y si no, recuerda que estoy aquí contigo, cada paso del camino. Ahora, vamos a unir todo esto y ver cómo puedes usar este conocimiento para dar el siguiente paso en tu viaje de autoedición. ¿Estás listo? Vamos, te garantizo que el viaje vale la pena.

Vamos a condensar todo lo que hemos aprendido hasta ahora sobre precios y royalties, ya que es crucial para tu éxito en la autoedición.

Los precios y royalties son como los dos lados de una moneda. Cuando fijas el precio de tu libro, necesitas tener en cuenta los royalties. Al mismo tiempo, tus royalties se verán afectados por el precio que fijes para tu libro. Esta relación interdependiente es una que debes entender y apreciar.

Debes tener presente que no existe una fórmula mágica para establecer el precio perfecto. Algunos autores experimentados, como Tim Ferriss con su libro "The 4-Hour Work Week" (2007), han hablado de cómo experimentaron con diferentes precios hasta que encontraron el que maximizaba sus beneficios. Puedes seguir su ejemplo. Experimenta, aprende y adapta.

Si te has sentido abrumado por todo esto, permíteme recordarte que cada paso que das en este viaje de autoedición es un paso hacia tu objetivo. El hecho de que estés aquí, inmerso en el complicado mundo de los precios y los royalties, ya dice mucho sobre tu dedicación y determinación.

Antes de dejar este capítulo, permíteme resumir las ideas más importantes que hemos tratado:

1. Entender los royalties es esencial para maximizar tus beneficios.
2. Fijar el precio de tu libro requiere investigación y consideración cuidadosa.

3. Considera programas como KDP Select para maximizar tus ingresos.
4. No subestimes el valor de las ventas de libros físicos.
5. Estar dispuesto a experimentar y adaptarte puede ser la clave del éxito.

Te lo he dicho antes y te lo diré de nuevo: eres más capaz de lo que crees. Con cada página que pasas, con cada palabra que lees, estás tomando el control de tu futuro como autor. ¿No es emocionante?

Ahora bien, al pasar la página hacia el próximo capítulo, te invito a embarcarte en un emocionante nuevo territorio: el de la publicación multiformato. Te ayudaré a entender cómo puedes maximizar tu alcance y tus beneficios al publicar en múltiples formatos. Al final del día, se trata de ofrecer a tus lectores opciones y asegurarte de que, sin importar su preferencia de formato, puedan disfrutar de tu libro. ¿Estás listo para continuar? ¡Avancemos, mi amigo! Te prometo que el viaje se vuelve cada vez más emocionante.

Capítulo 17: Expandiendo tus Horizontes: Ventajas de la Publicación Multiformato

Permíteme que te pregunte, ¿qué sucede cuando expandes tus horizontes? ¿Qué sucede cuando sales de tu zona de confort y te adentras en lo desconocido? Bueno, esa es precisamente la clave para crecer y aprender, para desarrollarte como individuo, y no es diferente en tu viaje como escritor. ¿Y si te dijera que existe una forma de llegar a un público más amplio, de aumentar tus ventas y de establecerte como un autor verdaderamente versátil? Eso es precisamente lo que la publicación multiformato puede hacer por ti.

¿Por qué es importante la publicación multiformato? Porque, querido lector, vivimos en una época de diversidad, una época en la que la lectura se disfruta en distintos formatos: papel, digital, audio. Cada formato atrae a un tipo distinto de lector. Por eso, al limitarte a un único formato, estás dejando a un lado a un buen número de potenciales lectores. Y no queremos eso, ¿verdad?

No todos los lectores son iguales. Algunos prefieren la sensación de un libro de papel en sus manos. Otros aprecian la comodidad de leer en su dispositivo electrónico. Y no olvidemos a aquellos que prefieren disfrutar de un libro mientras realizan otras tareas, a través de un audiolibro. Entonces, ¿por qué limitar tus opciones cuando puedes aprovecharlas todas?

La publicación multiformato es como construir un puente que conecta a tu libro con la diversidad de gustos y preferencias de tus lectores. Es una forma de decirles: "No importa cómo prefieras leer, tengo algo para ti". Y esa es una poderosa forma de construir una relación con tu público.

Seguramente te estarás preguntando, ¿cómo puedo hacer esto? ¿Cómo puedo expandir mis horizontes y sumergirme en la publicación multiformato? No te preocupes, a lo largo de este capítulo, te llevaré de la mano y exploraremos juntos esta emocionante posibilidad.

Recuerda, en el Capítulo 8 discutimos sobre el formato y diseño de tu libro, así como la importancia de vestir tu obra para el éxito. Bueno, ahora es el momento de llevar esa idea al siguiente nivel. Estamos hablando de convertir esa única 'prenda' en una 'colección' completa que atraiga a todo tipo de lectores.

La publicación multiformato puede parecer un desafío. Puede parecer algo completamente nuevo y desconocido. Pero te aseguro que, como todo en este viaje de escritura, es un desafío que puedes superar. Y no estás solo. Estoy aquí para guiarte, para ayudarte a navegar por estas aguas desconocidas.

Así que, ¿estás listo para expandir tus horizontes y descubrir las ventajas de la publicación multiformato? ¿Estás preparado para abrirte a un mundo de nuevas posibilidades? Si la respuesta es sí, entonces vamos. Permíteme llevarte en este emocionante viaje.

Estamos de acuerdo, ¿no? En este gran banquete que es la escritura, no podemos limitarnos a un solo plato. Nuestra misión es explorar, probar y disfrutar de todos los sabores que este mundo de la escritura tiene para ofrecer. Entonces, ¿cómo nos adentramos en esta nueva y emocionante aventura? Permíteme darte algunas pautas.

Los formatos de publicación son básicamente tres: libros impresos, ebooks y audiolibros. Cada uno tiene sus propios beneficios y puede atraer a diferentes tipos de lectores.

Comencemos con los libros impresos, los viejos y buenos libros de papel. A pesar de la era digital en la que vivimos, muchos lectores todavía prefieren la sensación de un libro en sus manos. Como dijo el famoso autor Stephen King, "Los libros son una magia única portátil". Nada puede reemplazar la emoción de abrir un libro nuevo y sumergirse en su historia. ¿No estás de acuerdo?

El formato impreso ofrece a tus lectores una experiencia tangible. Les permite resaltar, hacer anotaciones, doblar las páginas. Y, por supuesto, los libros impresos son excelentes regalos. ¿Quién no ha regalado o recibido un libro como regalo en algún momento de su vida?

Luego están los ebooks, una forma moderna y conveniente de leer. Los ebooks han revolucionado la industria editorial de una manera increíble. Como dijo Jeff Bezos, el fundador de Amazon, "La gente no se da cuenta de lo útil que es tener una biblioteca completa en un solo dispositivo hasta que lo experimenta por sí misma". Los ebooks son portátiles, accesibles y se pueden leer en cualquier lugar y en cualquier momento. Son ideales para los viajeros y aquellos que prefieren leer en su dispositivo electrónico.

Finalmente, tenemos los audiolibros, el formato que ha experimentado un crecimiento explosivo en los últimos años.

¿Sabías que el famoso autor Dale Carnegie dijo una vez: "La mejor manera de conquistar a un enemigo es hacerlo tu amigo"? Bueno, este principio también se aplica a la multitarea, y eso es exactamente lo que hacen los audiolibros. Te permiten hacer múltiples cosas al mismo tiempo. Imagina escuchar tu libro mientras haces ejercicio, conduces o incluso mientras te relajas en el sofá después de un largo día. Los audiolibros hacen que la lectura sea accesible para todos, incluso para aquellos que tienen dificultades para leer.

Ahora que conocemos los diferentes formatos, podemos ver cómo cada uno de ellos aporta su propio valor y atrae a diferentes tipos de lectores. ¿Por qué limitarte a uno solo cuando puedes aprovechar los tres?

Pero hay algo más que debes tener en cuenta. La publicación multiformato no se trata sólo de los lectores. También se trata de ti, el autor. Publicar en múltiples formatos puede ayudarte a aumentar tus ingresos, a alcanzar un público más amplio y a establecerte como un autor profesional y versátil.

Entonces, querido amigo, ¿estás listo para dar el paso y adentrarte en el mundo de la publicación multiformato? ¿Estás listo para expandir tus horizontes y explorar nuevas posibilidades? No te preocupes, estoy aquí para ayudarte en cada paso.

Ahora, tienes una idea clara de los diferentes formatos y su importancia. Pero, ¿cómo te aventuras en cada uno de ellos? ¿Qué se necesita para convertir tu manuscrito en un libro impreso, un ebook y un audiolibro? Permíteme ser tu guía en esta excitante travesía.

Empezaremos con los libros impresos. Aunque la publicación digital ha cobrado fuerza, todavía existe una gran demanda de libros impresos. Según un informe de la Asociación de Editores Americanos, en 2021, las ventas de libros impresos representaron aproximadamente el 80% de todas las ventas de libros. Sorprendente, ¿verdad? Entonces, ¿cómo puedes convertir tu manuscrito en un libro impreso? Aquí es donde entran en juego las opciones de impresión bajo demanda ofrecidas por plataformas como KDP. Este servicio te permite imprimir tus libros solo cuando se realizan pedidos, eliminando la necesidad de almacenar grandes cantidades de libros y reduciendo el costo y el riesgo asociados con la impresión tradicional. ¿No te parece mágico?

Pasemos a los ebooks. La creación de un ebook es un proceso bastante sencillo con plataformas como KDP. Primero, formateas tu manuscrito según las especificaciones de la plataforma. Luego, subes tu manuscrito y lo conviertes en un ebook listo para vender. KDP incluso tiene una herramienta llamada Kindle Create que te ayuda a formatear tu libro de manera profesional. Lo mejor de todo es que los ebooks tienen un potencial de ganancias increíble. Según un informe de Statista, en 2020, los ebooks representaron el 18% del total de ventas de libros en los Estados Unidos. Y con la creciente popularidad de los dispositivos de lectura electrónica, este número solo está destinado a crecer.

Finalmente, consideremos los audiolibros. Este es un formato que ha ganado mucha popularidad en los últimos años, especialmente entre los jóvenes y los profesionales ocupados. La producción de un audiolibro puede parecer un poco intimidante al principio. Necesitas un buen narrador, un estudio de grabación y un montón de tiempo. Pero, ¿qué pasaría si te dijera que hay una manera más fácil? ACX, una plataforma de Amazon, te permite producir y distribuir audiolibros de manera sencilla. Solo necesitas subir tu manuscrito y elegir un narrador de su amplia selección de actores de voz profesionales. Ellos se encargarán del resto.

Entonces, ¿ves cómo cada formato abre un nuevo camino para ti? ¿Puedes ver cómo cada uno de ellos te brinda la oportunidad de llegar a diferentes grupos de lectores y aumentar tus ganancias? Y lo más importante, ¿puedes ver cómo la publicación multiformato te convierte en un autor más completo, versátil y exitoso?

Pero, no nos apresuremos. Todo este proceso puede parecer abrumador al principio. Pero recuerda, cada gran viaje comienza con un pequeño paso. Y estoy aquí contigo en cada paso de este viaje, ofreciéndote mi apoyo y mi guía. ¿Estás listo para continuar con esta aventura? Te prometo que será emocionante.

Ahora, hemos llegado al final de este emocionante viaje a través de la expansión de tus horizontes con la publicación multiformato. Hemos navegado por el apasionante mundo de los libros impresos, explorado las increíbles posibilidades de los ebooks y descubierto el creciente atractivo de los audiolibros. Todo este conocimiento te ha abierto un abanico de oportunidades y, espero, ha despertado tu curiosidad y tu deseo de explorar cada una de estas vías.

Pero, como siempre digo, tener información es solo la mitad de la batalla. La verdadera magia ocurre cuando aplicas lo que has aprendido. Así que, mi querido lector, te invito a tomar acción. Elige el formato que más te atraiga y empieza a experimentar con él. No temas cometer errores, pues cada error es una oportunidad para aprender y crecer.

Recuerda, la clave del éxito en la autoedición no es limitarte a un solo formato, sino abrazar la diversidad. Cuantos más formatos utilices, más lectores podrás alcanzar y más exitoso te volverás.

Ahora, a medida que cerramos este capítulo, te dejo con una última reflexión: el éxito no se mide por la cantidad de libros que vendes, sino por la cantidad de lectores a los que tocas con tus palabras. Y con la publicación multiformato, tienes la oportunidad de tocar a más lectores que nunca.

¿Estás emocionado? Yo también. ¿Listo para seguir adelante? No veo la hora. ¿Nervioso? No hay nada de qué preocuparse. Estoy aquí para ti, a cada paso del camino.

En el próximo capítulo, hablaremos sobre cómo hacer un lanzamiento exitoso de tu libro. Exploraremos estrategias para impactar en el mercado y crear una presencia poderosa. Te prometo que será una aventura llena de emoción y descubrimientos. Así que, agarra tu taza de café (o té), acomódate en tu sillón favorito y prepárate para el próximo capítulo de esta emocionante aventura en el mundo de la autoedición.

Hasta entonces, recuerda: el mundo de la publicación está lleno de posibilidades. No temas explorarlas. Porque, como dijo el famoso escritor J.R.R. Tolkien, "no todos los que vagan están perdidos". Algunos simplemente están buscando la mejor forma de contar su historia. Y, en este caso, esa persona eres tú.

Capítulo 18: El Lanzamiento Exitoso: Estrategias para Impactar en el Mercado

Ahora, mi estimado lector, nos encontramos en uno de los momentos más emocionantes y, a la vez, más aterradores de la autoedición. Has escrito y perfeccionado tu obra maestra, has encontrado tu voz única, has seleccionado el título y la portada perfecta, y has elegido el formato de publicación ideal. Pero ahora, enfrentas una de las tareas más importantes y cruciales de todas: el lanzamiento de tu libro.

Ah, el lanzamiento de un libro. Este es un momento de emoción, nervios y anticipación. ¿Cómo será recibido tu libro por los lectores? ¿Logrará tocar a las personas de la manera en que esperas? ¿Será el éxito de ventas que siempre has soñado?

Te digo con total confianza que no necesitas temer a estas preguntas. En este capítulo, te guiaré paso a paso a través del proceso de lanzamiento de un libro, dándote todas las herramientas y estrategias necesarias para garantizar que tu obra tenga el mejor inicio posible. Pero antes de que nos adentremos en el cómo, permíteme preguntarte, ¿por qué crees que un buen lanzamiento es tan vital para el éxito de tu libro?

Piénsalo por un momento. Un buen lanzamiento no solo te ayuda a conseguir tus primeras ventas y reseñas, sino que también te brinda la oportunidad de generar entusiasmo y anticipación por tu libro. Este es el momento en el que puedes atraer a nuevos lectores y convertirlos en seguidores fieles. En otras palabras, el lanzamiento de tu libro es tu oportunidad de oro para dejar una impresión duradera.

Por supuesto, hay mucho más que decir sobre los lanzamientos de libros y sus diversas estrategias, pero antes de entrar en detalles, debes entender algo fundamental. En el mundo de la autoedición, el lanzamiento de tu libro no es un evento único y aislado. Más bien, es parte de un proceso continuo de marketing y promoción que debería comenzar mucho antes de la fecha de publicación y continuar mucho después.

¿No estás seguro de lo que esto significa? No te preocupes. Lo desglosaré en términos sencillos y comprensibles, para que puedas entenderlo y aplicarlo a tu propia estrategia de lanzamiento de libros. Pero, mientras lo hacemos, quiero que reflexiones sobre una cita del famoso autor Mark Twain: "El secreto de avanzar es comenzar". Así que, te animo a que comiences este emocionante viaje hacia un lanzamiento de libro exitoso con la mente abierta, la voluntad de aprender y el coraje de tomar acción.

Te prometo, al final de este capítulo, no solo tendrás un plan de lanzamiento de libros sólido, sino también la confianza y la determinación para llevarlo a cabo. Después de todo, has llegado tan lejos, y estoy seguro de que tienes lo que se necesita para dar este último paso hacia el éxito.

¿Estás listo para lanzar tu libro al mundo? ¡Vamos!

Así que estás aquí, preparándote para lanzar tu libro. Imagínate por un momento que es el día del lanzamiento. Cierra los ojos y visualiza cómo sería. ¿Sientes esa emoción, esa ansiedad mezclada con entusiasmo? Eso es natural. Todos los grandes escritores, desde Stephen King hasta J.K. Rowling, sintieron esa emoción, esa anticipación cuando lanzaron sus libros.

¿No es emocionante formar parte de ese linaje?

Bien, volvamos al presente y empecemos a profundizar en las estrategias para un lanzamiento exitoso. La primera estrategia, y probablemente la más importante, es la construcción de una audiencia. Tienes que empezar a construir tu base de seguidores mucho antes de la fecha de lanzamiento de tu libro.

En el capítulo 13, hablamos sobre la creación de tu "Autor Branding". La marca de un autor es mucho más que un logo o un nombre. Es la percepción de las personas sobre quién eres como autor y cómo ven tu trabajo. Y construir esa percepción es una tarea esencial antes de cualquier lanzamiento de libro.

La clave aquí es la consistencia. Se consistente en tus mensajes, en tu tono, en tu imagen. Hazles saber a tus seguidores qué esperar de ti y de tu libro.

Un ejemplo que viene a la mente es la autora de éxito de ventas, Brené Brown, autora de "Daring Greatly" (2012). Antes de la publicación de su libro, Brené había estado construyendo su marca y su audiencia durante años, hablando sobre vulnerabilidad, coraje y empatía, tanto en sus charlas públicas como en sus publicaciones en las redes sociales. Para cuando "Daring Greatly" se publicó, sus seguidores ya sabían qué esperar de su libro y estaban ansiosos por leerlo.

Ahora bien, ¿cómo puedes empezar a construir tu propia audiencia? Hay muchas formas, pero todas se centran en una idea principal: proporcionar valor. Ya sea a través de un blog, una newsletter por correo electrónico, videos en YouTube, publicaciones en redes sociales, debes proporcionar contenido valioso que atraiga a tu público objetivo y que les haga querer leer tu libro.

Otra estrategia para un lanzamiento exitoso es la planificación. Saber cuándo y cómo lanzarás tu libro es crucial. ¿Lanzarás una versión en papel y una versión digital al mismo tiempo? ¿O empezarás con una y luego seguirás con la otra? ¿Qué canales de marketing utilizarás para promocionar tu libro? ¿Cuándo empezarás a promocionarlo?

Todo esto debe estar en tu plan de lanzamiento de libro. Como dijo Benjamin Franklin: "El fracaso en la preparación es prepararse para el fracaso". Por lo tanto, es mejor estar bien preparado.

Estas son solo algunas de las estrategias para un lanzamiento exitoso de un libro. Hay mucho más que explorar y discutir. Pero, ¿no te sientes ya más preparado y seguro para enfrentar el lanzamiento de tu libro? ¿No te emociona la idea de ver tu libro volar del nido y llegar a manos de los lectores?

Continuemos profundizando, querido amigo. Hay mucho más por descubrir.

Has llegado lejos, amigo mío, y ahora estás listo para dar un paso más. Sí, estás en el camino de convertirte en un autor publicado. ¿No es una sensación maravillosa?

Ahora, permíteme llevarte por una estrategia que es vital para cualquier lanzamiento exitoso: las alianzas estratégicas. Las alianzas estratégicas, también conocidas como "Joint Ventures" o JVs, pueden ser un verdadero impulsor de tu lanzamiento.

La idea esencial detrás de las alianzas estratégicas es bastante sencilla: en lugar de hacerlo todo tú solo, buscas a personas o entidades con objetivos similares y colaboras con ellas. Esto puede traducirse en la promoción cruzada, en compartir recursos, en la co-organización de eventos, entre otras cosas. Es el clásico caso de "la suma es más grande que las partes".

Puedes pensar que es complicado encontrar buenos socios estratégicos, pero te sorprenderías. Las oportunidades están ahí, solo tienes que buscarlas. Podrías empezar por los autores que admiras y que tienen un público similar al tuyo. O tal vez con bloggers o influencers que se mueven en tu misma área temática.

Tomemos como ejemplo a Tim Ferriss, autor del famoso libro "The 4-Hour Workweek" (2007). Para su lanzamiento, Tim aprovechó las alianzas estratégicas con bloggers e influencers. Les ofreció contenido exclusivo y adelantos de su libro, lo que a su vez ayudó a generar expectación y tráfico hacia su sitio web. El resultado fue un éxito rotundo.

Otra estrategia efectiva para el lanzamiento es la creación de un evento en torno a tu libro. Puedes organizar una presentación en una librería local, una sesión de firmas de libros, una charla en una conferencia o incluso un evento en línea como un webinar o un Facebook Live. Cualquiera que sea el evento que elijas, asegúrate de que esté bien planificado y promocionado.

Michael Hyatt, autor de "Platform: Get Noticed in a Noisy World" (2012), es un gran ejemplo de cómo utilizar un evento de lanzamiento. Michael organizó un webinar en el que enseñó a los participantes cómo construir su propia plataforma, usando su libro como material de estudio. El evento fue un éxito, y ayudó a impulsar las ventas de su libro.

¿Ves cuántas posibilidades hay para tu lanzamiento? Y esto es solo el comienzo, hay muchas más estrategias y técnicas que puedes explorar y utilizar. ¿No te sientes ya un poco como un estratega? ¿No te emociona ver cómo cada pequeña acción puede ayudarte a alcanzar tu gran sueño?

Vamos a continuar con nuestro viaje, amigo mío. Hay mucho más que aprender, mucho más que explorar. ¿Estás listo para seguir adelante?

Hemos llegado lejos, amigo mío. Y espero que estés igual de emocionado que yo por este viaje. Después de todo, estamos hablando de tu lanzamiento, de tu entrada triunfal en el mundo de la literatura. Un momento para el que has trabajado duro y que, estoy seguro, disfrutarás al máximo.

Por último, pero no menos importante, hablemos de la comunicación. Al fin y al cabo, un lanzamiento es una forma de comunicación. Estás anunciando al mundo que tu libro está aquí y que está listo para ser leído.

Hay muchas formas de comunicar tu lanzamiento. Puedes usar las redes sociales, tu blog o página web, tu lista de correo electrónico, la prensa local, entre otros. Pero recuerda, la clave no es solo hacer ruido, sino hacer el ruido correcto.

Déjame explicarte lo que quiero decir con el ejemplo de Seth Godin y su libro "Purple Cow" (2003). Seth no solo anunció su libro, sino que lo hizo de una manera única y memorable. Envió a los primeros 5000 compradores de su libro una copia en una caja de leche de vaca púrpura. ¿Y sabes qué? La gente no solo habló del libro, sino también de la vaca púrpura. Seth hizo el ruido correcto.

Todo este viaje, todo este proceso de preparación, no es solo para que tu libro salga a la luz. Es para que brille con luz propia, para que se haga notar en el vasto océano de libros. Y estoy seguro de que con todo lo que hemos aprendido, con todo lo que hemos trabajado, tu libro no solo será notado. Será recordado.

Ahora, has hecho un gran trabajo hasta ahora. Te has comprometido, has aprendido, has trabajado. Pero todavía hay más. Aún hay terreno por explorar, aún hay más maneras de asegurar el éxito de tu libro. ¿Estás listo para seguir adelante?

En el próximo capítulo, vamos a hablar sobre cómo conectar con tus lectores y crear tu propia comunidad. Este es un aspecto crucial para cualquier autor, y estoy seguro de que te beneficiarás enormemente de él. Así que, ¿estás listo para seguir adelante? ¿Estás listo para llevar tu viaje como autor al siguiente nivel? Estoy ansioso por continuar este viaje contigo. Hasta el próximo capítulo, mi querido lector y amigo.

Capítulo 19: Cómo Conectar con Tus Lectores: Creando Tu Comunidad

Hola, querido amigo. Estamos a punto de emprender una nueva fase en tu viaje hacia convertirte en un autor de éxito. Ya has escrito tu libro, has creado una hermosa portada, has dominado el arte de la descripción persuasiva y has lanzado tu obra al mundo. Pero, ¿qué viene después?

Recuerda siempre que un libro no es sólo un objeto, es una conversación. Es una conexión entre tú, el autor, y tu lector. Y para mantener esa conversación, para alimentar esa conexión, es esencial que sepas cómo conectar con tus lectores y crear una comunidad en torno a tu trabajo. ¿Por qué es importante? Bueno, déjame contarte.

Los lectores no son solo consumidores de tu trabajo, son tus más grandes defensores. Son los que hablarán de tu libro a sus amigos, los que escribirán reseñas, los que te seguirán en tus redes sociales y, lo más importante, los que esperarán con ansias tu próximo libro. Una comunidad de lectores leales puede ser el factor que convierte a un autor de un éxito puntual en una carrera literaria larga y exitosa.

Pero, ¿cómo conectas con tus lectores? ¿Cómo creas esa comunidad? A lo largo de este capítulo, vamos a explorar estas preguntas y más. Así que, como siempre, te invito a que tomes una taza de café (o tu bebida favorita) y te prepares para sumergirte en este emocionante nuevo tema.

De todas las formas de comunicación entre autores y lectores, ninguna es más íntima que las cartas a los lectores. Ernest

Hemingway, en su novela "Por quién doblan las campanas" (1940), decía: "Si el libro está bien, nada de lo que diga el autor importa. Si el libro está mal, nada de lo que diga el autor importa". Pero Hemingway, al igual que muchos otros autores, escribía cartas a sus lectores, respondía a sus preguntas, compartía sus pensamientos, conectaba con ellos de una manera única.

¿Y sabes qué? Esa conexión no se perdió en el tiempo. La carta de autor sigue viva y es una excelente forma de comunicarse con tus lectores. Aunque hoy en día no se hacen tanto por medio de papel y tinta, sino que se han digitalizado. Los boletines de correo electrónico, las publicaciones de blog, las actualizaciones en redes sociales, todo son formas modernas de la "carta de autor". Y todas ellas son herramientas increíblemente poderosas para conectar con tus lectores y construir tu comunidad.

Pero, antes de adentrarnos más en este tema, quisiera hacerte una pregunta. ¿Recuerdas la última vez que recibiste una carta o un mensaje de un autor que admiras? ¿Cómo te hizo sentir? ¿Te hizo sentir más conectado con el autor, con su obra? Piénsalo un momento.

En la siguiente parte de este capítulo, vamos a explorar más a fondo cómo puedes utilizar estas "cartas de autor" para conectar con tus lectores y crear una comunidad en torno a tu trabajo. Pero por ahora, mantén esa pregunta en mente. Porque la respuesta te ayudará a entender el verdadero poder de la conexión entre autores y lectores.

Ahora que has tenido un momento para reflexionar sobre esa pregunta, te llevaré en un viaje exploratorio. Comenzaremos por profundizar en las formas modernas de la "carta de autor". Los boletines por correo electrónico, las publicaciones de blog, las actualizaciones en redes sociales. No te preocupes, no hay que ser un experto en tecnología para hacerlo. Todo lo que necesitas es el deseo de conectar con tus lectores y un poco de valentía para dar el primer paso.

Los boletines por correo electrónico son una excelente manera de mantener a tus lectores informados sobre tus últimas noticias y actualizaciones. Un boletín mensual o trimestral puede incluir todo, desde anuncios de lanzamientos de libros hasta extractos de tu próximo trabajo, consejos de escritura, o incluso tus propias reflexiones sobre el proceso de escritura. Pero, sobre todo, es tu oportunidad de comunicarte directamente con tus lectores, de hacerles sentir parte de tu viaje. Puedes preguntarles qué piensan, pedirles consejo, incluso invitarles a participar en la creación de tu próxima obra.

Las publicaciones de blog son otra herramienta maravillosa para conectar con tus lectores. A través de ellas, puedes compartir más en profundidad tus pensamientos, tus ideas, tus luchas y triunfos en el camino de la escritura. No tienes que ser un blogger profesional, sólo tienes que ser auténtico. Tus lectores apreciarán tu sinceridad, y sentirán una mayor conexión contigo y con tu trabajo.

Las redes sociales, como Facebook, Twitter, Instagram, entre otras, son probablemente las herramientas más inmediatas y accesibles para conectar con tus lectores. A través de ellas, puedes compartir rápidamente noticias, fotos, pensamientos, e interactuar con tus lectores de forma casi instantánea. No subestimes el poder de un simple "me gusta" o "comentario" para hacer sentir a tus lectores que son parte de tu comunidad.

Hablando de comunidades, el autor estadounidense Seth Godin en su libro "Tribes" (2008), argumentaba que todo lo que necesitas para cambiar el mundo es una tribu, un grupo de personas que comparten una conexión, una causa, un líder. Y eso es precisamente lo que estás construyendo con tus lectores: una tribu. Tu tribu.

Entonces, ¿cómo construyes tu tribu? ¿Cómo haces que tus lectores se sientan más que simples consumidores, sino parte integral de tu proceso creativo, de tu éxito como autor? En la próxima sección, profundizaremos en estos aspectos y exploraremos estrategias concretas para hacer crecer y fortalecer tu comunidad de lectores. Mientras tanto, te invito a reflexionar sobre esto: ¿Qué puedes hacer hoy para conectar más profundamente con tus lectores? ¿Cómo puedes invitarlos a formar parte de tu tribu? Piénsalo, y cuando estés listo, continuaremos. Te espero al otro lado, mi querido amigo.

Mientras pensabas en esas preguntas, permíteme presentarte algunas estrategias específicas para construir y fortalecer tu comunidad de lectores. Comenzaremos con algo que podrías considerar muy sencillo, pero que tiene un poderoso efecto: el agradecimiento.

Es algo que a menudo pasamos por alto en nuestro ajetreo diario, pero el acto de expresar gratitud puede ser increíblemente poderoso. Cuando un lector se toma el tiempo para enviarte un correo electrónico, dejarte una reseña, o simplemente hacerte saber de alguna manera que disfrutó de tu trabajo, ¿cómo respondes? Un simple "gracias" puede hacer maravillas. Te humaniza frente a tus lectores y les muestra que aprecias su apoyo.

También podrías ir un paso más allá. ¿Por qué no enviar un correo electrónico o una nota de agradecimiento personalizada a los lectores que te dejen críticas especialmente elogiosas? Tal vez incluso puedas ofrecerles un adelanto de tu próximo trabajo o un regalo especial como muestra de agradecimiento. Sería como darles un pase VIP a tu mundo como autor.

¿Recuerdas a J.K. Rowling, la autora de Harry Potter, y cómo manejaba su comunidad? Aparte de ser activa en Twitter, donde interactuaba regularmente con sus fans, también creó una plataforma de contenido llamada Pottermore en 2012. A través de este sitio web, ofrecía contenido adicional a los fans de Harry Potter, como historias de fondo de los personajes, artículos, quizzes y juegos. Mientras que Rowling es un caso excepcional dado su éxito a nivel global, su enfoque ilustra cómo puedes ir más allá para ofrecer valor a tus lectores y fortalecer tu comunidad.

Por último, pero no menos importante, es importante que te mantengas auténtico. Tus lectores te aprecian por lo que eres, no por lo que crees que deberías ser. Como dijo Neil Gaiman en su discurso de graduación en la Universidad de las Artes en 2012: "La única cosa que tienes que nadie más tiene eres tú. Tu voz, tu mente, tu historia, tu visión". Así que escribe y habla desde tu corazón, y tus lectores te amarán por ello.

Como ya te habrás dado cuenta, todo esto implica mucho más que solo escribir un buen libro. Requiere tiempo, esfuerzo y una auténtica voluntad de conectar con tus lectores. Pero te prometo que vale la pena. En la última parte de este capítulo, repasaremos todo lo que hemos aprendido y te ofreceré algunos consejos finales para llevar tu relación con tus lectores al siguiente nivel. Por ahora, tómate un momento para reflexionar sobre estas estrategias. ¿Cuál de ellas te parece más atractiva? ¿Cuál crees que podrías implementar en tu propio trabajo como autor? Cuando estés listo, continuaremos. Como siempre, estoy aquí, tu amigo, esperándote al otro lado.

Para finalizar nuestro viaje a través de la creación y fortalecimiento de tu comunidad de lectores, quisiera dejarte con una visión inspiradora. Imagina, si puedes, una habitación llena de personas. Todos están allí porque han sido tocados de alguna manera por tu trabajo. Todos ellos están ansiosos por escucharte, por compartir contigo sus experiencias y sentimientos. Todos ellos están ahí porque te aprecian, como escritor y como persona. Este es el poder de la comunidad que puedes construir con tu escritura.

Recuerda que, al final del día, tus lectores no son solo consumidores, son seres humanos con emociones, experiencias y perspectivas únicas. Cuando logras conectar con ellos a este nivel, estás haciendo mucho más que vender un libro. Estás creando un vínculo, una comunidad. Como dijo Margaret Atwood, autora de "El cuento de la criada" (1985), "las palabras son un medio de conexión. Tienen raíces. Se ramifican". Haz que tus palabras sean la semilla de la que crezca tu comunidad de lectores.

Espero que esta exploración de cómo conectar con tus lectores te haya resultado útil e inspiradora. Quizás ya estás pensando en cómo implementar algunas de estas estrategias en tu propio trabajo. Si es así, te felicito. Estás en camino a crear algo verdaderamente especial.

Al iniciar el próximo capítulo, hablaremos de cómo puedes convertir tu comunidad en un recurso poderoso para el crecimiento de tu carrera como autor. Descubriremos el valor de las reseñas positivas y cómo pueden convertirse en la chispa que inicia el "efecto bola de nieve", llevando tu libro a las manos de más y más lectores.

Así que, ¿estás listo para adentrarte en este emocionante territorio? ¿Estás listo para transformar tu relación con tus lectores y llevar tu carrera de escritor a nuevas alturas? Si es así, te espero con entusiasmo en el próximo capítulo. Como siempre, estaré a tu lado, compartiendo contigo cada paso de este viaje. Porque al final del día, esto es lo que los amigos hacen, ¿no es así?

Capítulo 20: Generando Reseñas Positivas: El Secreto del Efecto Bola de Nieve

Si alguna vez te has preguntado cómo es que ciertos libros parecen tener un auge increíble de popularidad de la noche a la mañana, quizás has escuchado hablar del misterioso "efecto bola de nieve". Pero, ¿qué es realmente este fenómeno y cómo puedes usarlo en tu propio libro? Bueno, eso es precisamente lo que vamos a explorar en este capítulo.

Es posible que hayas notado que, al principio de este libro, discutimos la importancia de tener una comunidad de lectores apasionados y comprometidos. Bueno, las reseñas positivas de tus libros son una de las formas más poderosas de aprovechar esa comunidad para generar impulso para tu trabajo. Son la chispa que puede comenzar un efecto bola de nieve, llevando tu libro a las manos de más y más lectores.

Pero antes de profundizar en cómo puedes comenzar a generar estas valiosas reseñas, quiero que pienses por un momento sobre lo que realmente significa una reseña positiva. ¿Es simplemente una calificación de cinco estrellas? ¿O hay algo más que eso?

La verdad es que las reseñas positivas no son solo una métrica que se puede cuantificar. Son testimonios auténticos de los lectores que han sido tocados por tu trabajo. Son pruebas de que tu libro ha logrado su propósito: ha conectado con el lector de alguna manera significativa.

Por lo tanto, obtener reseñas positivas no solo se trata de aumentar tus ventas o mejorar tu posición en las listas de los más vendidos. Se trata de ver el impacto real que estás teniendo en las vidas de tus lectores. Y eso, mi querido amigo, es uno de los sentimientos más gratificantes que puedes experimentar como autor.

Ahora bien, quizás te estés preguntando: ¿Cómo puedo comenzar a generar estas reseñas positivas? ¿Cómo puedo crear esa chispa que iniciará el efecto bola de nieve?

La respuesta a estas preguntas comienza con una comprensión clara de cómo los lectores deciden dejar una reseña. En la siguiente sección, analizaremos más de cerca este proceso y comenzaremos a explorar estrategias efectivas para motivar a tus lectores a compartir sus experiencias.

Es posible que hayas oído hablar de las "tres Rs" en el ámbito del marketing: reconocimiento, reputación y reseñas. El reconocimiento se trata de hacer que tu libro sea conocido, la reputación tiene que ver con el posicionamiento de tu marca como autor, pero las reseñas... las reseñas son otra cosa. Son el testimonio visible del impacto de tu libro en tus lectores.

Si bien cada R juega un papel crucial en tu éxito como autor, las reseñas pueden ofrecer un impulso tremendo en términos de visibilidad y confianza del lector. Pero, ¿cómo se genera una reseña? ¿Cómo motivas a un lector a invertir su tiempo y energía en escribir y compartir sus pensamientos?

Por supuesto, no podemos olvidar el consejo del famoso escritor americano Ernest Hemingway, quien decía: "Escribe para un solo lector. Si abres una ventana y haces el amor al mundo, tu historia se resfriará". Y esta perspectiva es aún más relevante cuando hablamos de reseñas. ¿Por qué? Porque cada reseña es la respuesta de un único lector a tu historia.

Ahora bien, podrías preguntarte, ¿cómo puedo convencer a ese único lector para que deje una reseña? Aquí es donde entran en juego las técnicas que vamos a explorar en este capítulo.

La primera técnica es hacer un llamado directo a la acción al final de tu libro. Muchos autores incluyen una página final en la que agradecen al lector por su tiempo y le piden, amablemente, que deje una reseña. Esta simple acción puede aumentar las posibilidades de que los lectores dejen reseñas, especialmente si les explicas por qué son tan importantes para ti y para otros posibles lectores.

Otra técnica es cultivar y mantener una relación continua con tus lectores. Ya hemos discutido esto en capítulos anteriores, pero vale la pena repetirlo. Los lectores que se sienten conectados contigo y con tu trabajo estarán más dispuestos a tomar medidas, como dejar una reseña. Ya sea que estés interactuando con los lectores en las redes sociales, por correo electrónico, o en eventos en persona, cada interacción es una oportunidad para fortalecer esa conexión y fomentar la acción.

Un factor que no debemos pasar por alto es la calidad del libro en sí. Como decía Stephen King en "On Writing" (2000), "Para escribir bien, hay que leer mucho y escribir mucho". Un libro bien escrito, que conecte con los lectores a un nivel emocional profundo, es más probable que inspire a los lectores a dejar reseñas. En otras palabras, la clave para generar reseñas es, en gran medida, escribir un libro que merezca ser revisado.

Y, por último, pero no menos importante, siempre puedes pedir reseñas. Si tienes una lista de correo electrónico de lectores leales, puedes enviar un correo electrónico amigable pidiendo reseñas. O puedes trabajar con bloggers literarios y críticos profesionales para generar reseñas antes del lanzamiento de tu libro. Pero recuerda, siempre es mejor que tus reseñas provengan de lectores genuinos que hayan disfrutado de tu libro.

Estos son solo algunos de los métodos que puedes usar para generar reseñas positivas para tu libro. Pero, como te puedes imaginar, ninguna de estas tácticas funcionará a menos que haya algo detrás, algo auténtico que motive a los lectores a tomar medidas. Y ese algo, mi querido escritor, es el amor por tu historia.

Puede que te estés preguntando, ¿cómo hago para que mis lectores amen mi historia? Bueno, eso no es algo que pueda responder en una sola frase, pero aquí van algunos consejos:

Primero, escribe con pasión. Suena cliché, lo sé, pero es verdad. Si no amas lo que escribes, tus lectores lo notarán. Como decía el gran escritor francés Antoine de Saint-Exupéry, autor de "El Principito" (1943), "Si quieres construir un barco, no empieces buscando madera, cortando tablas o distribuyendo el trabajo. Primero debes evocar en los hombres el anhelo del mar libre y amplio". Al igual que debes evocar en tus lectores el anhelo por tu historia.

Segundo, escribe para tu lector ideal. Imagina a esa persona, su vida, sus sueños, sus miedos, sus pasiones. ¿Qué es lo que le gustaría leer? ¿Qué le conmovería, le haría reír, le haría llorar? Escribe para esa persona. Como mencionamos en el capítulo 3, encontrar tu voz única significa también encontrar y hablarle a tu lector ideal.

Tercero, no tengas miedo de mostrar vulnerabilidad en tus personajes. La vulnerabilidad nos hace humanos, nos hace reales. Los lectores se conectan con personajes que son auténticos, que luchan, que se caen y se levantan. Los lectores aman a los personajes imperfectos, porque ellos mismos son imperfectos.

Finalmente, recuerda que cada reseña es un regalo, incluso las negativas. Una reseña negativa puede ser un golpe duro, pero también puede ser una oportunidad para aprender y crecer. Como decía la escritora británica J.K. Rowling, creadora de Harry Potter, en un discurso en Harvard en 2008, "El fracaso es tan inevitable como la muerte e impuestos. Lo importante es aprender de cada golpe que recibimos".

Ahora, pongamos estos conceptos en práctica con un ejemplo concreto. Imagina que has escrito un libro de ciencia ficción sobre una astronauta que lucha por sobrevivir en un planeta alienígena. Es un libro lleno de suspense, aventura, y profundas reflexiones sobre la condición humana.

Después de aplicar las técnicas que hemos discutido, obtienes tu primera reseña en Amazon. Es una reseña de cinco estrellas que dice: "No podía dejar de leer. Me encontré viviendo y respirando junto a la protagonista, luchando por cada bocado de oxígeno, cada paso adelante. Un libro que te hará pensar sobre lo que significa ser humano y lo que estamos dispuestos a hacer para sobrevivir. Recomiendo mucho este libro a cualquier fanático de la ciencia ficción". ¿Puedes imaginar cómo se sentiría recibir una reseña así?

Esa, querido amigo, es la magia de las reseñas. Son una validación de tu trabajo, un testimonio tangible de que tu historia ha conectado con alguien a un nivel profundo. Y también son una poderosa herramienta de marketing que puede ayudarte a llegar a más lectores y vender más libros.

Por lo tanto, si hay algo que quiero que te lleves de este capítulo es esto: las reseñas son importantes, sí, pero lo que realmente importa es el amor por tu historia. Ese es el motor que impulsará todo lo demás. Así que, sigue escribiendo, sigue conectando con tus lectores, sigue solicitando reseñas y, sobre todo, sigue amando tu historia. Porque al final del día, ese amor se contagiará a tus lectores y ellos se convertirán en tus mayores defensores.

Y ahora, ¿estás listo para sumergirte aún más profundo en el arte de la narración y el marketing de libros? En el próximo capítulo, exploraremos una estrategia que ha estado ganando popularidad en los últimos años: el marketing de contenidos para escritores. Te daré ideas y herramientas para crear contenido atractivo y relevante que atraiga a los lectores y los mantenga comprometidos. Aprenderás cómo utilizar tu blog, tus redes sociales y otros canales para conectar con tu público de formas que quizás nunca hayas imaginado.

Imagínate atraer a los lectores con contenido que les apasione tanto como tu libro. Imagínate construir una comunidad de lectores leales que no pueden esperar a leer tu próximo libro. Eso es lo que el marketing de contenidos puede hacer por ti. Así que no esperes más, pasa al siguiente capítulo y comienza a descubrir el poder del marketing de contenidos para escritores. Te espero en el siguiente capítulo, listo para embarcarte en este nuevo viaje. No te arrepentirás.

Capítulo 21: El Poder del Marketing de Contenido: Atrayendo Lectores con Valor Adicional

Permíteme, querido lector, llevar tus pensamientos por un breve paseo. Imagina que eres un pescador, tu libro es tu red, y los lectores son los peces que nadas en este inmenso océano de la literatura. Para atraer a los peces, necesitas cebo, y ese cebo es el marketing de contenido. ¿Por qué es importante este cebo? ¿Y por qué deberías, como autor, prestarle atención? Bueno, te lo diré. Pero antes, déjame hacerte una pregunta.

¿Cuándo fue la última vez que compraste un libro simplemente porque te gustó la portada o el título? Probablemente no recuerdas, ¿verdad? Eso es porque, en la era digital, los lectores tienen a su disposición una infinita cantidad de libros. Para destacar entre esta multitud, necesitas algo más que una buena portada y un título atractivo. Necesitas ofrecer valor adicional. Y eso, mi amigo, es lo que el marketing de contenido puede hacer por ti.

El marketing de contenido es una estrategia de marketing que se centra en crear, publicar y distribuir contenido relevante y valioso para atraer y retener a una audiencia. Y cuando hablo de "contenido", no me refiero solo a tu libro. Me refiero a blogs, publicaciones en redes sociales, boletines por correo electrónico, podcasts, vídeos... cualquier cosa que proporcione valor a tus lectores y les ayude a resolver problemas, responder preguntas o simplemente disfrutar de su tiempo.

Pero, ¿por qué es importante el marketing de contenido? ¿Por qué deberías dedicar tu valioso tiempo y esfuerzo a crear contenido adicional cuando podrías estar escribiendo tu próximo bestseller? Ahí está la cuestión. Como autor, tu objetivo principal es conectarte con tus lectores, ¿verdad? Quieres que te conozcan, que entiendan tu mensaje, que aprecien tu estilo de escritura... y, por supuesto, que compren tus libros.

El marketing de contenido te permite hacer todo eso y más. Al ofrecer contenido valioso y relevante a tus lectores, puedes atraerlos hacia ti, ganarte su confianza y demostrarles que eres un experto en tu campo. Y una vez que los tengas enganchados, será mucho más fácil convencerlos de que tu libro vale la pena leer.

Pero, ¿cómo se aplica todo esto a KDP y a tu carrera como autor? ¿Cómo puedes utilizar el marketing de contenido para atraer lectores y vender más libros? Ah, querido lector, me alegra que hayas hecho esas preguntas. Porque eso es exactamente lo que vamos a explorar en este capítulo.

Como siempre, te invito a que mantengas una mente abierta y dispuesta a aprender. Te prometo que el viaje será emocionante y, con suerte, muy beneficioso para tu carrera de escritor. Así que, sin más preámbulos, comencemos nuestro viaje por el fascinante mundo del marketing de contenido para escritores. ¿Estás listo? ¡Vamos!

Así que, ¿cómo puedes utilizar el poder del marketing de contenido a tu favor como autor de KDP? Permíteme darte algunas pistas, y para hacerlo de la mejor manera, me voy a apoyar en la sabiduría de algunos expertos de renombre.

Empecemos por un concepto clave: proporcionar valor. ¿Recuerdas cuando hablamos en el Capítulo 3 sobre encontrar tu voz única? Hablamos de la importancia de tener un mensaje claro y relevante para tus lectores. Esto es precisamente lo que el marketing de contenido te permite hacer: proporcionar valor a tus lectores a través de tu contenido único y relevante.

El famoso experto en marketing de contenido Joe Pulizzi, en su libro "Epic Content Marketing" (2013), dice que "Tu trabajo, como creador de contenido, es ver lo que todos los demás ven y pensar lo que nadie más piensa". Esto resume perfectamente el enfoque que debes tener al crear tu contenido. No se trata sólo de replicar lo que ya existe, sino de aportar una nueva perspectiva, una nueva idea, una solución única a un problema común.

Ahora, podrías preguntarte, ¿qué tipo de contenido deberías crear? Blogs, vídeos, podcasts... hay tantas opciones. La respuesta, en última instancia, depende de ti y de tus lectores. ¿Qué formato prefieres para expresarte? ¿Qué tipo de contenido prefieren tus lectores? ¿Qué tipo de contenido es más relevante para el tema de tus libros? Responder a estas preguntas te ayudará a decidir qué tipo de contenido es el mejor para tu estrategia de marketing de contenido.

Gary Vaynerchuk, en su libro "Crushing It!" (2018), habla de la importancia de usar las plataformas de medios sociales a tu favor. Puedes utilizar estas plataformas para compartir extractos de tu libro, escribir blogs sobre los temas de tu libro, compartir opiniones y reflexiones, interactuar con tus lectores, y mucho más. De esta manera, no sólo proporcionas contenido valioso a tus lectores, sino que también construyes y fortaleces tu relación con ellos.

Pero no olvides que el marketing de contenido no es una estrategia de "hacer y olvidar". Como dijo Ann Handley en su libro "Everybody Writes" (2014), "El buen contenido es un servicio al cliente". Esto significa que tu contenido debe estar siempre centrado en el lector. Debe proporcionar valor, resolver problemas, responder preguntas, y estar al servicio de tus lectores.

Así que, querido lector, te invito a que empieces a ver tu contenido no sólo como un medio para vender tus libros, sino también como una forma de proporcionar un servicio a tus lectores. Piensa en las formas en que puedes agregar valor a sus vidas a través de tu contenido. ¿Cómo puedes ayudarles, informarles, entretenerles, inspirarles?

Estoy seguro de que si adoptas esta mentalidad, no sólo verás un aumento en tus ventas de libros, sino que también construirás una relación más profunda y significativa con tus lectores. Y al final del día, eso es lo que realmente importa, ¿verdad? Así que, ¿estás listo para asumir el desafío y dar el salto al mundo del marketing de contenido? Yo creo que sí. De hecho, estoy convencido de que tienes lo que se necesita para lograrlo. Y ahora, profundicemos más en la idea de proporcionar valor a través del marketing de contenido.

Imagina que has escrito un libro de recetas saludables. Por supuesto, podrías utilizar tus redes sociales para compartir imágenes de las recetas y enlaces para comprar el libro. Pero, ¿qué pasaría si además de eso, compartieras en tu blog consejos sobre cómo mantener un estilo de vida saludable, reseñas de los mejores productos orgánicos del mercado, o ideas de menús para la semana? ¿Y si compartieras videos de ti mismo cocinando algunas de las recetas del libro, explicando paso a paso cómo hacerlo y respondiendo a las preguntas de tus seguidores?

Estas son todas formas de proporcionar valor adicional a tus lectores, de ir más allá de simplemente venderles un producto. Al hacer esto, no sólo estás promocionando tu libro, sino que también estás estableciendo tu autoridad en el tema, construyendo tu reputación como experto en la materia y, lo más importante, creando una relación de confianza con tus lectores.

Neil Patel, uno de los gurús más reconocidos en el marketing digital, lo explica perfectamente en su blog (Neil Patel Digital, 2018): "El marketing de contenidos es la forma más efectiva de construir una audiencia y conseguir que esa audiencia compre lo que estás vendiendo". Pero, para que funcione, añade, "tienes que estar dispuesto a dar antes de recibir".

Y eso, mi estimado amigo, es lo que debes recordar. Dar antes de recibir. Proporcionar valor antes de esperar algo a cambio. Porque cuando lo haces, cuando realmente te esfuerzas en ayudar a tus lectores, en hacer su vida un poco mejor o más fácil con tu contenido, ellos lo notarán. Y te lo agradecerán. Con su lealtad, con su confianza, y sí, también con sus compras.

¿Estás empezando a verlo? ¿Estás empezando a entender el poder del marketing de contenido? ¿Cómo puede ayudarte no sólo a vender más libros, sino también a crear una comunidad de seguidores leales, que confían en ti, que valoran tu trabajo y que están dispuestos a apoyarte?

Porque eso es lo que realmente significa ser un autor de éxito. No sólo se trata de las ventas, sino también de la relación que construyes con tus lectores. Y el marketing de contenido, cuando se hace bien, puede ser una de las herramientas más poderosas para lograrlo. Así que, ¿estás listo para dar el siguiente paso y empezar a utilizar el marketing de contenido a tu favor? Creo que ya sabes mi respuesta a esa pregunta.

Sí, amigo mío, estamos a punto de entrar en la recta final de este viaje fascinante. Y antes de hacerlo, quiero que nos tomemos un momento para recapitular lo que hemos aprendido en este capítulo sobre el marketing de contenido. ¿Te parece bien? Genial.

Hemos visto que el marketing de contenido es una estrategia poderosa para atraer a los lectores, brindándoles valor más allá de tu libro. Les ofreces contenido relevante y útil que enriquece sus vidas de alguna manera. Ya sea a través de un blog, un podcast, un canal de YouTube, redes sociales o cualquier otro medio, el contenido que compartes ayuda a establecer tu autoridad en tu nicho y construir una relación sólida con tus lectores.

Hemos discutido cómo personajes de influencia en el marketing como Seth Godin y Neil Patel destacan la importancia de "dar antes de recibir" y cómo este enfoque puede ayudarte a ganarte la confianza y la lealtad de tus lectores.

Y te hemos ofrecido ejemplos prácticos para ilustrar cómo puedes aplicar el marketing de contenido en tu camino como autor, creando una comunidad de lectores que se sientan valorados, comprendidos y respetados.

El poder del marketing de contenido radica en su capacidad para fortalecer la relación entre tú, como autor, y tus lectores. Pero es importante recordar que no se trata de una táctica rápida para aumentar las ventas. Requiere tiempo, esfuerzo y compromiso. Pero te prometo que, al final del día, vale la pena.

Así que, ¿estás listo para poner en práctica lo que has aprendido? ¿Estás listo para dar el siguiente paso y explorar cómo puedes usar el marketing de contenido para mejorar tus esfuerzos de autoedición y llegar a más lectores?

Espero que la respuesta sea un rotundo "¡Sí!". Y si es así, te felicito. Porque eso demuestra que tienes lo que se necesita para ser un autor de éxito. Tienes la disposición para aprender, la voluntad para implementar lo que aprendes y el coraje para seguir adelante, incluso cuando las cosas se ponen difíciles.

Así que, vamos, amigo mío. Da el siguiente paso. Sigue adelante. Porque recuerda, cada paso que das es un paso más cerca de convertirte en el autor exitoso que siempre has soñado ser.

Y hablando de dar el siguiente paso, ¿estás listo para un adelanto de lo que viene a continuación? En el próximo capítulo, vamos a explorar las estrategias de promoción efectivas. Y te prometo, será fascinante. Así que, ¿estás listo para seguir adelante? ¡Vamos a hacerlo juntos!

Capítulo 22: Estrategias de Promoción Efectivas: Consejos para Vender Más y Mejor

¿Te has preguntado alguna vez cómo algunos autores parecen ser capaces de vender libros como churros, mientras que otros, con trabajos igualmente buenos, luchan por hacerse notar? ¿Qué es lo que diferencia a estos dos grupos de autores?

Pues bien, querido lector, la respuesta se encuentra en el arte de la promoción. Y te tengo una buena noticia: este arte, al igual que la escritura, es algo que puedes aprender y perfeccionar con el tiempo. Entonces, ¿qué te parece si empezamos este viaje de descubrimiento juntos?

Ahora, antes de que te eches a temblar ante la perspectiva de tener que convertirte en un experto en marketing, permíteme que te alivie un poco la presión. Promocionar tu libro no tiene por qué ser una tarea abrumadora, y no tienes que hacerlo todo tú solo. De hecho, hay una gran cantidad de recursos disponibles, tanto gratuitos como de pago, que pueden ayudarte a hacer oído de tu trabajo entre los lectores.

Pero antes de sumergirnos en las estrategias de promoción propiamente dichas, hagamos un poco de autocrítica. ¿Qué es lo que realmente quieres lograr con tu libro? ¿Estás buscando alcanzar el estrellato literario y vender millones de copias, o simplemente quieres compartir tus ideas con el mundo y tal vez obtener algún reconocimiento en el proceso? ¿Tienes un plan claro para tu libro o simplemente estás navegando a la deriva, esperando que algo bueno ocurra?

Recuerda, amigo mío, la autenticidad y la claridad de intenciones son fundamentales cuando se trata de promoción. Como decía el gran Dale Carnegie en su obra "Cómo ganar amigos e influir sobre las personas" (1936), "La única manera de influir en los demás es hablarles de lo que ellos quieren y demostrarles cómo conseguirlo".

Por lo tanto, antes de que puedas efectivamente promocionar tu libro, primero debes tener una idea clara de lo que tus lectores quieren y cómo tu libro puede ayudarles a conseguirlo. ¿Entiendes a tu público objetivo? ¿Sabes qué les motiva, qué les emociona, qué les preocupa? ¿Cómo puedes abordar estos temas en tu libro y en tus esfuerzos de promoción?

Bueno, sé que estas son muchas preguntas para procesar. Pero no te preocupes, estamos juntos en esto. Así que respiremos hondo, sonriamos, y continuemos nuestro viaje hacia la promoción efectiva de tu libro.

Entonces, ¿dónde estábamos? Ah, sí, habíamos llegado a un punto crucial en nuestro viaje juntos, habíamos llegado a ese punto en el que descubrimos que la autenticidad y la claridad de nuestras intenciones son clave para conectar con nuestros lectores. Ahora, ¿qué tal si pasamos al siguiente nivel?

¿Recuerdas esa cita que te compartí de Dale Carnegie? "La única manera de influir en los demás es hablarles de lo que ellos quieren y demostrarles cómo conseguirlo". No es solo una frase brillante, sino que es también la esencia de cualquier estrategia de promoción efectiva. Pero, ¿cómo lo llevamos a cabo?

Comienza por entender quién es tu lector ideal. Sí, ya hemos hablado de esto en el Capítulo 3, "Encontrando tu voz única: el núcleo de tu bestseller". Pero ahora, con tu libro ya escrito y listo para publicarse, es importante revisitar y reforzar este concepto. Este conocimiento no solo te ayudará a escribir de manera más efectiva, sino que también será crucial para tus esfuerzos de promoción.

Después de todo, si no comprendes a tu lector ideal, ¿cómo puedes esperar hablarle de lo que quiere y mostrarle cómo conseguirlo? ¿Recuerdas a Jane Austen en "Orgullo y prejuicio" (1813), y cómo supo retratar los anhelos y luchas de sus personajes con tal precisión que aún hoy, más de dos siglos después, seguimos viendo nuestras propias historias reflejadas en las suyas? Eso es exactamente a lo que debes aspirar.

Pero no te detengas solo en comprender a tu lector ideal. ¿Has pensado en cómo tu libro se inserta en el panorama más amplio del mercado literario? Cada género, cada subgénero, tiene sus propias convenciones y expectativas. Como decía Stephen King en su obra "Mientras escribo" (2000), "Si no tienes tiempo para leer, no tienes el tiempo (ni las herramientas) para escribir". Y añadiría yo, si no tienes tiempo para leer lo que otros están escribiendo en tu género, tampoco tienes el tiempo (ni las herramientas) para promocionar efectivamente tu libro.

En definitiva, tu libro es un producto que estás intentando vender, y como tal, debes tener una buena comprensión de tu mercado objetivo. Y eso implica entender tanto a tu lector ideal como a tus "competidores", es decir, otros libros y autores en tu género.

Lo sé, lo sé, puede parecer mucho que asimilar. Pero te prometo, amigo mío, que valdrá la pena. Y recuerda, siempre estoy aquí para guiarte en cada paso del camino. Entonces, ¿listo para seguir adelante?

¿Estás listo? Muy bien, sigamos.

Ahora que comprendes la importancia de entender a tu lector ideal y el lugar que tu libro ocupa en el mercado, hablemos de cómo puedes usar esa información para vender más y mejor. Para hacerlo, permíteme contarte una historia.

Imagina que eres un pescador. Tienes un barco, una red y conoces un lugar donde hay muchos peces. ¿Es suficiente para tener éxito? No necesariamente. Los peces deben querer lo que ofreces. Deben sentirse atraídos por tu cebo. De lo contrario, podrías estar parado en medio de un océano lleno de peces y aún así volver a casa con las manos vacías.

Lo mismo sucede con la promoción de tu libro. Puedes tener una obra maestra en tus manos, pero si no puedes atraer a los lectores, no tendrás éxito. Entonces, ¿cómo lo haces? ¿Cómo pones el cebo correcto?

Primero, usa la información que tienes sobre tu lector ideal para crear una oferta atractiva. ¿Qué es lo que le interesa a tu lector? ¿Qué necesita? ¿Qué quiere? Entonces, muestra cómo tu libro puede satisfacer esas necesidades y deseos.

La sinopsis de tu libro, por ejemplo, es una herramienta poderosa en este sentido. Como hemos discutido en el Capítulo 11, "La descripción que vende: seduce a tus lectores en unos pocos párrafos", una buena sinopsis puede hacer que un lector potencial se convierta en un lector real. Asegúrate de que tu sinopsis hable directamente a tus lectores ideales, mostrándoles cómo tu libro les brindará exactamente lo que están buscando.

Además, recuerda la importancia de las reseñas, como mencionamos en el Capítulo 20, "Generando reseñas positivas: El secreto del efecto bola de nieve". Las reseñas positivas de otros lectores pueden ser el cebo más efectivo para atraer a nuevos lectores. Después de todo, todos confiamos más en las recomendaciones de personas que consideramos similares a nosotros.

Por último, pero no menos importante, no olvides la importancia de la paciencia y la persistencia. Como dijo J.K. Rowling en un discurso de 2008 en la Universidad de Harvard, "El fracaso significó un despojo de lo innecesario. Dejé de pretender para mí misma que era cualquier otra cosa que lo que yo era, y comencé a dirigir toda mi energía a terminar la única obra que importaba".

Así que mantén el ánimo, sigue trabajando, y recuerda: estamos en esto juntos. ¡Ahora adelante, a seguir pescando lectores!

Para rematar este capítulo, quiero que hagamos un pequeño viaje. No, no me refiero a un viaje físico. Quiero que viajemos al interior de tu mente, al corazón de tu pasión por la escritura. Imagina por un momento que ya has lanzado tu libro en KDP. Ha sido un camino arduo, lleno de retos y aprendizajes, pero has llegado a este punto: tu libro está disponible para millones de lectores en todo el mundo. ¿Cómo se siente?

¿Sientes un cosquilleo de emoción? ¿O quizás un poco de miedo? Eso está bien. Es completamente normal. Pero ahora, quiero que imagines algo más. Imagina que has aplicado todas las estrategias de promoción que hemos discutido en este capítulo. Imagina que tu libro está llegando a las manos de tu lector ideal, esa persona que se beneficiará enormemente de tu historia, de tus palabras.

Las ventas comienzan a subir. Las reseñas positivas comienzan a llegar. Y de pronto, te das cuenta: estás haciendo una diferencia. Estás impactando la vida de las personas a través de tus palabras. ¿Cómo se siente eso?

Esa, querido amigo, es la verdadera belleza de la autoedición con KDP. No sólo tienes la oportunidad de cumplir tu sueño de ser autor, sino también la posibilidad de marcar una diferencia, de tocar vidas a través de tu obra.

En este capítulo, hemos recorrido una gama de estrategias de promoción. Hablamos sobre la importancia de entender a tu lector ideal, de ofrecer lo que realmente quiere y necesita. Discutimos sobre la importancia de una sinopsis atractiva, de las reseñas positivas y de la paciencia y la persistencia.

Pero no te preocupes si sientes que todavía hay mucho por aprender. Estamos en esto juntos, y estoy aquí para ayudarte. En el próximo capítulo, nos adentraremos en un aspecto crucial de tu éxito como autor en KDP: la mentalidad correcta. Porque, como dijo el famoso autor Stephen King, "la escritura es un trabajo serio que requiere de todo tu corazón y mente".

Así que, ¿estás listo para seguir adelante? ¿Estás listo para seguir aprendiendo, creciendo y convirtiéndote en el mejor autor que puedas ser? Porque yo estoy emocionado de acompañarte en este viaje. Vamos, el próximo capítulo nos espera.

Capítulo 23: Tus Libros son tu Negocio: Mantén la Mentalidad Correcta

Ahora que has tomado la valiente decisión de embarcarte en este viaje hacia el autoeditado, te encuentras frente a un océano de posibilidades. Y en esta inmensidad, es fácil sentirte abrumado. Pero, permíteme recordarte, amigo mío, que no estás solo en esta travesía.

¿Por qué crees que es importante tener la mentalidad correcta al embarcarte en este viaje? Tal vez podrías argumentar que la pasión y la creatividad son suficientes para triunfar en el mundo de la autoedición. Sin duda, son vitales. Pero, ¿qué pasa cuando la pasión se desvanece en las horas sombrías de la duda y la creatividad parece huir ante la página en blanco? Ahí es cuando la mentalidad correcta se convierte en tu faro en la tormenta.

Veamos, piensa en esto por un momento: Tus libros son tu negocio. Un negocio que crece desde tu corazón y florece a través de tus palabras. Cuando aceptas esta verdad, cambia todo. Ya no eres solo un autor, eres un emprendedor. Y como cualquier emprendedor, necesitas desarrollar y cultivar la mentalidad adecuada para triunfar.

Vayamos más allá en esta idea. Imagina que estás plantando un jardín. Tu historia, tu libro, son las semillas. Puedes tener las semillas más bellas y prometedoras, pero si las plantas en un suelo pedregoso y olvidas regarlas, nunca crecerán. Tampoco será suficiente con solo cuidar de las plantas. Necesitas mantener el jardín, deshacerte de las malas hierbas, proteger las plantas de las plagas. Del mismo modo, tu libro necesita un terreno fértil para crecer: tu mentalidad emprendedora.

Ahora bien, ¿qué significa tener una mentalidad emprendedora? ¿Cómo se puede desarrollar? Ahondemos en estas cuestiones.

La mentalidad emprendedora se trata de entender que el éxito no llega de la noche a la mañana. Se necesita paciencia, perseverancia y, por encima de todo, consistencia. ¿Recuerdas cuando hablamos de la importancia de la consistencia en el Capítulo 7 durante el proceso de edición? Bueno, esa consistencia también es esencial en tu mentalidad emprendedora. No puedes esperar cosechar el éxito si no estás dispuesto a sembrar y cuidar tus semillas con regularidad.

Quizás uno de los mejores ejemplos de esta mentalidad emprendedora en la literatura lo encontramos en la figura de J.K. Rowling, autora de la aclamada serie "Harry Potter" (publicada por primera vez en 1997). Antes de convertirse en una de las autoras más vendidas de todos los tiempos, Rowling enfrentó innumerables rechazos y dificultades. Pero nunca se rindió. Siguió escribiendo, siguió intentándolo, siguió creyendo en su historia. Y al final, su perseverancia dio sus frutos.

Así que, querido lector, ¿estás dispuesto a adoptar la mentalidad de un emprendedor? ¿Estás listo para continuar cultivando tu jardín, sin importar las dificultades que puedas encontrar? Esa es la cuestión clave.

Continuando con el análisis, debes entender que ser un autor autoeditado requiere que uses múltiples sombreros. Al igual que cualquier empresario, tendrás que estar dispuesto a asumir diferentes roles: escritor, editor, diseñador de portada, especialista en marketing, y mucho más. ¿Recuerdas en el Capítulo 14 cuando hablamos de usar las herramientas de KDP para hacerte el camino más fácil? Así es, tendrás que dominar esas herramientas y muchas más para tener éxito. Pero no te preocupes, no tienes que hacerlo todo de una vez. Todo buen emprendedor sabe que es un camino de aprendizaje continuo.

Stephen King, en su aclamado libro "On Writing: A Memoir of the Craft" (publicado en 2000), comentó que la escritura es una forma de telepatía. Y sí, esa es la magia de la escritura. Pero cuando piensas en tu libro como tu negocio, debes recordar que la telepatía solo es efectiva si tienes a alguien en el otro extremo dispuesto a recibir tu mensaje. Eso significa que necesitas conocer a tus lectores, entender qué quieren y necesitan y cómo puedes ofrecérselo. Esta es la esencia del marketing y algo que, como emprendedor, debes aprender a manejar.

Piénsalo por un momento, ¿te has preguntado qué quieren tus lectores? ¿Has buscado maneras de entender mejor a tu audiencia? Si aún no lo has hecho, es el momento de empezar. Recuerda el Capítulo 19, donde te explicamos cómo conectar con tus lectores y crear tu comunidad. Esa conexión es la clave para construir una base sólida para tu negocio.

Y entonces, ¿cómo puedes desarrollar esta mentalidad emprendedora? Bueno, como cualquier otra habilidad, requiere práctica. Cada día, cuando te sientes a escribir, recuerda que no estás solo creando un libro, estás construyendo un negocio. Cada vez que enfrentes una dificultad, recuerda que eres un emprendedor y los emprendedores encuentran soluciones en lugar de rendirse ante los problemas.

Pero no es solo eso. Una mentalidad emprendedora también requiere un sentido de responsabilidad. Tus libros son tu negocio y, como tal, debes tratarlos con el respeto y la seriedad que merecen. Eso significa establecer plazos, hacer un seguimiento de tus metas, y mantener un alto nivel de calidad en todo lo que haces.

Ten presente las palabras de Thomas Edison, el prolífico inventor: "El genio es un uno por ciento de inspiración y un noventa y nueve por ciento de transpiración". Esa es la mentalidad emprendedora en pocas palabras. La inspiración puede encender la chispa, pero es tu trabajo constante y dedicado lo que realmente construye el fuego. Por lo tanto, mímalo, cuídalo, y ve cómo crece y se fortalece con el tiempo.

Así que, amigo mío, ¿estás listo para asumir este desafío? ¿Estás dispuesto a dar el salto y ver tus libros no solo como una pasión, sino como un negocio? Si la respuesta es sí, entonces ya has dado el primer paso hacia el éxito. Porque, verás, tener la mentalidad correcta es la mitad de la batalla.

Habiendo abordado el qué y el por qué, es hora de explorar el cómo. ¿Cómo puedes desarrollar y mantener la mentalidad correcta a lo largo de tu carrera como autor emprendedor?

Para empezar, debes cultivar una actitud de crecimiento. Esto implica ver cada desafío como una oportunidad para aprender y crecer, en lugar de como un obstáculo insuperable. Los rechazos, las críticas, los fracasos - todos son parte del camino hacia el éxito. Como autor, enfrentarás muchos de estos momentos difíciles. Pero recuerda, como mencionamos en el Capítulo 7, los errores son oportunidades de aprendizaje disfrazadas. Con la mentalidad correcta, estos contratiempos pueden convertirse en los peldaños de tu escalera hacia el éxito.

Otro pilar fundamental para mantener la mentalidad correcta es el hábito de la auto-disciplina. Como escribió Steven Pressfield en su obra "The War of Art" (2002), la resistencia es el enemigo más grande del escritor. La procrastinación, la duda, el miedo - todos son formas de resistencia que pueden impedirte lograr tus metas. Pero con auto-disciplina, puedes vencer a la resistencia y mantenerte en el camino.

También es crucial aprender a balancear tu creatividad con tus responsabilidades empresariales. Recordando las lecciones del Capítulo 8 sobre el formato y diseño de libros, es vital mantener un ojo en los detalles prácticos al tiempo que dejas volar tu imaginación. Asegurarte de que tu libro esté bien formateado y diseñado es tan importante como escribir una historia cautivadora.

Un ejemplo de este equilibrio entre creatividad y negocio se encuentra en la autora autoeditada Amanda Hocking. A principios de 2010, Hocking decidió publicar sus novelas en Amazon. Al equilibrar su pasión por la escritura con su enfoque empresarial, logró vender más de un millón de copias de sus libros y se convirtió en una de las primeras autoras autoeditadas en hacer una fortuna a través de la publicación digital.

Por último, pero no menos importante, es esencial que te rodees de una comunidad de apoyo. Ya sea a través de grupos de escritores, foros en línea o simplemente amigos y familiares, tener a personas que te apoyen y te alienten puede marcar una gran diferencia en tu viaje. Como mencionamos en el Capítulo 19, construir tu comunidad es una parte vital de tu éxito como autor.

Entonces, ¿qué te parece? ¿Estás listo para abrazar la mentalidad de un emprendedor y ver tus libros como tu negocio? Si es así, estás en el camino hacia un emocionante viaje lleno de desafíos, aprendizaje, crecimiento y, con suerte, mucho éxito. Porque recuerda, tus libros son tu negocio, y tú, querido amigo, tienes todo el potencial para ser un gran empresario. ¿Estás listo para dejar tu huella en el mundo de la literatura?

Ahora, hagamos un viaje rápido a través de todo lo que hemos cubierto en este capítulo. Te invité a sumergirte en el mar profundo y a veces insondable de la mentalidad empresarial. Te mostré cómo tus libros, la joya de tu creatividad y esfuerzo, son en realidad tu negocio. Discutimos la importancia de mantener una actitud de crecimiento, cultivar la autodisciplina, equilibrar la creatividad y las responsabilidades empresariales y rodearte de una comunidad de apoyo.

Pero, ¿qué significa todo esto en la práctica? Te escucho preguntar, mi querido amigo. Bueno, significa que cada vez que te sientes a escribir, estás invirtiendo en tu negocio. Cada palabra que escribes, cada personaje que creas, cada trama que diseñas, es una inversión en tu futuro como autor emprendedor. No estás simplemente escribiendo un libro; estás construyendo un negocio.

Además, cuando promocionas tu libro, ya sea a través de publicaciones en redes sociales, anuncios pagados, apariciones en podcast o cualquier otra estrategia de marketing que hayas aprendido en el Capítulo 22, no estás solo vendiendo un producto. Estás construyendo una marca, creando relaciones y cultivando la confianza de tus lectores.

Espero que ahora entiendas mejor por qué la mentalidad correcta es crucial para tu éxito en el mundo de la autoedición. Pero no te preocupes si todavía te sientes un poco abrumado. Estoy aquí contigo en cada paso del camino, y te prometo que con cada capítulo, cada página, cada línea, te sentirás más cómodo y confiado en tu viaje como autor emprendedor.

Aún nos queda un viaje por recorrer juntos, y el próximo capítulo promete ser igualmente revelador. En el Capítulo 24, examinaremos los errores comunes en KDP y cómo evitarlos. Como cualquier buen emprendedor sabe, el aprendizaje de los errores es la forma más rápida de mejorar y crecer. Así que, ¿estás listo para dar el siguiente paso en tu camino hacia el éxito como autor de KDP? Vamos, agarra mi mano. Con coraje, determinación y la mentalidad correcta, no hay nada que no podamos lograr juntos. Te espero en el siguiente capítulo.

Capítulo 24: Errores Comunes en KDP y Cómo Evitarlos: Aprende de los Tropezones de Otros

Imagina que te encuentras en medio de un bosque encantado. Es un lugar lleno de maravillas y misterios, pero también plagado de trampas y obstáculos. En lugar de un mapa, tienes un compañero de viaje, un sabio que ha atravesado el bosque muchas veces. ¿No sería prudente escuchar sus consejos, aprender de sus experiencias pasadas, y tomar nota de las trampas que él ya ha encontrado? Así es exactamente cómo debes ver este capítulo. Estamos en el bosque de KDP, y yo soy ese sabio compañero de viaje, listo para guiarte a través de los errores más comunes que los autores cometen en KDP.

Este viaje que emprendes hacia la autopublicación en KDP es emocionante, sí, pero también puede ser complicado. Como cualquier otro camino hacia el éxito, está lleno de oportunidades para aprender y crecer. Y sí, también hay lugar para los errores. En ocasiones, pueden ser trampas en el camino que parecen obstáculos insuperables. Pero te prometo, mi querido amigo, que no estás solo. Como tu compañero de viaje, mi objetivo es ayudarte a evitar estos errores comunes para que tu viaje sea lo más suave y exitoso posible.

¿Por qué es importante conocer y evitar estos errores? Bueno, por un lado, estos errores pueden costarte tiempo y esfuerzo. Y en algunos casos, pueden incluso dañar tu reputación como autor o tu relación con tus lectores. Pero por otro lado, y quizás lo más importante, entender y evitar estos errores te ayudará a crecer y a mejorar como autor.

El primer error común que los autores suelen cometer en KDP es no dedicar suficiente tiempo a la planificación y a la investigación. Al igual que cualquier otro emprendimiento, la autopublicación es un negocio y debe ser tratada como tal. Eso significa que necesitas desarrollar un plan sólido y hacer tu debida diligencia antes de publicar tu libro. Y no, no estoy hablando solo de planificar tu historia, que ya discutimos en el Capítulo 4: "Estructurando Tus Ideas: El Esqueleto de tu Historia". Estoy hablando de entender el mercado, conocer a tu público objetivo, investigar palabras clave relevantes, y tener un plan de marketing en marcha.

Permíteme preguntarte, ¿has hecho tu tarea? ¿Has pasado tiempo investigando tu género y mercado objetivo? ¿Has desarrollado un plan de marketing para tu libro? Si la respuesta a cualquiera de estas preguntas es no, te insto a que te tomes un momento para reconsiderar tu estrategia. Recuerda, la clave para evitar errores es estar bien preparado.

Otro tropiezo habitual que a menudo encuentran los autores es subestimar la importancia de una buena edición y revisión. Ya hemos hablado de esto en el Capítulo 7: "Correcciones y Edición: La Belleza en los Detalles", pero permitidme enfatizarlo una vez más. No importa cuán hábil seas con las palabras o cuán cautivadora sea tu historia, una edición pobre o ausente puede ser un lastre para tu libro.

Piensa en ello por un momento. ¿Alguna vez has estado leyendo un libro y te has encontrado con un error gramatical o de ortografía? ¿Cómo te hizo sentir? A menudo, estos errores pueden ser distracciones molestas, capaces de sacar al lector de la historia y disminuir la credibilidad del autor.

En su libro "El elemento de la escritura: las claves para liberar tu voz auténtica" (2019), Brenda Ueland sostiene que la edición no es simplemente una parte del proceso de escritura, sino una disciplina en sí misma que requiere tiempo, esfuerzo y dedicación. Y estoy totalmente de acuerdo con ella. Como autores, debemos aspirar a la excelencia en cada aspecto de nuestra obra, y eso incluye la edición y la revisión.

¿Te das cuenta de la importancia de una buena edición ahora? ¿Has dedicado suficiente tiempo y esfuerzo a la revisión de tu manuscrito? Si la respuesta es no, es posible que desees reconsiderar tu enfoque. Una obra bien editada no sólo mejora tu credibilidad como autor, sino que también hace que la lectura sea más agradable para tus seguidores.

Además, un error común relacionado es no invertir en una portada atractiva. Es posible que hayas escuchado el viejo refrán "no juzgues un libro por su portada", pero, siendo sincero contigo, en el mundo de la autopublicación, la portada importa, y mucho. De hecho, a menudo es la primera impresión que los lectores potenciales tendrán de tu libro. Así que, a menos que tengas habilidades de diseño gráfico, puede valer la pena invertir en un diseñador profesional para tu portada. Recuerda lo que hablamos en el Capítulo 9: "La Portada Perfecta: El Rostro de tu Bestseller".

Por último, pero no menos importante, uno de los errores más dañinos que los autores pueden cometer es ignorar la importancia de la promoción y el marketing. En su obra "Cómo ser un autor exitoso" (2022), Mark Dawson afirma que "una vez que un libro está escrito, el trabajo de un autor está lejos de terminar". Tiene toda la razón. Si quieres que tu libro tenga éxito, no puedes simplemente publicarlo y esperar a que la gente lo descubra por sí misma. Tienes que salir y hacer que se vea. Tienes que promocionarlo.

Y tú, ¿has considerado seriamente cómo vas a promocionar tu libro? ¿Has desarrollado un plan de marketing efectivo? ¿Estás utilizando todas las herramientas a tu disposición para llegar a tus lectores potenciales? Si no es así, te invito a que te tomes un momento para reflexionar sobre tus estrategias de promoción y a que consideres formas de mejorarlas.

Ahora, para poner en perspectiva estas situaciones y entender mejor las implicancias de estos errores, me gustaría compartir contigo algunos ejemplos.

Piensa en Steve, un autor apasionado que ha invertido meses en escribir su novela de ciencia ficción. Está emocionado y ansioso por compartirla con el mundo. Publica su libro en KDP, esperando que las ventas comiencen a llegar. Pero después de algunas semanas, se da cuenta de que las ventas son escasas. Sorprendido, empieza a buscar la razón y se da cuenta de que ha cometido un error común: no ha invertido tiempo en descubrir las palabras clave adecuadas para su libro. ¿Recuerdas lo que mencionamos en el Capítulo 12: "El Poder de las Palabras Clave: Descubre cómo los Lectores te Encontrarán"? Las palabras clave son fundamentales para que los lectores encuentren tu libro.

Ahora imagina a Lucy, quien ha escrito una cautivadora novela romántica. Está segura de que atraerá a muchos lectores. Pero tras publicarlo, nota que las reseñas que recibe son decepcionantes. La mayoría de los comentarios mencionan la misma cosa: errores de gramática y ortografía que distraen la lectura. Aquí, Lucy ha pasado por alto el valor de una edición y revisión minuciosas.

Por último, considera a David. Ha publicado una serie de thrillers de suspense en KDP y está emocionado por compartirlos con los lectores de todo el mundo. Pero después de un par de meses, se da cuenta de que las ventas son mínimas. ¿El problema? David ha subestimado la importancia de una buena portada y descripción del libro. No ha dedicado tiempo a entender y aplicar lo que conversamos en el Capítulo 11: "La Descripción que Vende: Seduce a Tus Lectores en Unos Pocos Párrafos".

Estos tres autores, Steve, Lucy y David, son ficticios. Sin embargo, representan a miles de escritores reales que han cometido errores similares en su viaje de autopublicación.

Así que, ¿qué puedes aprender de sus historias? Bueno, principalmente, que cada detalle cuenta en este viaje. Desde la elección de las palabras clave hasta la edición minuciosa de tu libro, cada paso que das puede tener un gran impacto en tu éxito como autor. ¿Te ves reflejado en alguna de estas situaciones? Si es así, no te preocupes. Todos cometemos errores, pero lo importante es aprender de ellos y seguir adelante.

Porque al final del día, tu libro es más que una colección de palabras. Es una representación de ti, de tu esfuerzo y dedicación. Merece ser presentado al mundo de la mejor manera posible. Y, para hacerlo, necesitas evitar estos errores comunes. ¿Estás listo para dar ese paso adelante?

Como autor, es fácil caer en la trampa de pensar que tus errores son únicos o incluso vergonzosos. Pero no lo son. Son lecciones aprendidas, escalones en la escalera hacia tu éxito. Steve, Lucy y David son solo ejemplos. Los autores experimentados y bestsellers, incluso aquellos cuyos nombres son reconocidos mundialmente, también han tropezado en su camino. Piensa en J.K. Rowling, cuyo manuscrito de Harry Potter fue rechazado por docenas de editoriales antes de ser finalmente aceptado. O Stephen King, quien recibió innumerables rechazos por su novela Carrie antes de ser publicada.

¿Recuerdas cuando hablamos de "La Magia del Primer Borrador: Permitiéndote Errar" en el Capítulo 6? Hablamos de cómo los errores no son fracasos, sino oportunidades para aprender y crecer. Lo mismo se aplica a los errores que cometes en tu viaje de autopublicación. Cada error es una lección valiosa que te acerca a ser el autor que deseas ser.

Por lo tanto, al enfrentarte a estos posibles errores en tu viaje como autor de KDP, recuerda que cada uno es una oportunidad para aprender, mejorar y fortalecerte. Tómate un momento para reflexionar sobre las historias de Steve, Lucy y David. ¿Cuáles de sus errores te parecen familiares? ¿Cómo puedes evitar cometer los mismos errores?

En definitiva, esta aventura de escritura y publicación es un viaje de constante aprendizaje. Cada paso que das, incluso los pasos en falso, te acercan a tu destino: convertirte en el autor de éxito que siempre has querido ser.

Y ahora, es momento de pasar a la siguiente fase de este viaje. En el próximo capítulo, vamos a explorar "La Jornada del

Autor Exitoso: Manteniendo la Inspiración y la Consistencia". Aquí, vamos a adentrarnos en cómo mantener la motivación, la creatividad y la dedicación necesarias para ser un autor exitoso a largo plazo. ¿Estás emocionado por lo que viene? Yo sí, y no puedo esperar para continuar este viaje contigo.

Porque, recuerda, no estamos simplemente escribiendo un libro. Estamos creando un camino, forjando un legado, construyendo una historia que perdure. Así que, ¿estás listo para el siguiente capítulo de tu aventura? ¡Vamos a ello!

Capítulo 25: La Jornada del Autor Exitoso: Manteniendo la Inspiración y la Consistencia

¿Alguna vez has contemplado una obra de arte que ha requerido años de trabajo para completarse? ¿Has pensado en cómo un escultor transforma un bloque de piedra en una imagen majestuosa o cómo un pintor plasmó su visión en un lienzo, trazo a trazo, a lo largo de años, e incluso décadas? El arte no es solo una explosión de inspiración, es dedicación, esfuerzo, y sobre todo, es consistencia.

Al igual que estas grandes obras de arte, tu libro, tu obra maestra, requiere de inspiración y consistencia. En este capítulo, vamos a hablar sobre cómo mantener la inspiración y la consistencia en tu viaje como autor. ¿Por qué? Porque, querido lector, estas son las dos piedras angulares que sostienen tu carrera de escritor. Y sin ellas, tus esfuerzos de autopublicación pueden quedarse a medio camino.

La inspiración, como bien sabes, es ese destello de creatividad que da vida a tus historias. Es la chispa que enciende tu imaginación y te permite crear mundos, personajes y situaciones que enganchan a tus lectores. Pero, ¿qué pasa cuando la inspiración parece desvanecerse o resulta esquiva? ¿Cómo la cultivas y la mantienes viva en medio de las demandas de la vida cotidiana, de los plazos de entrega, de las correcciones y reescrituras?

Por otro lado, la consistencia es la disciplina de sentarte a escribir día tras día, incluso cuando no te apetece, incluso cuando tienes mil otras cosas que hacer. La consistencia es lo que te permite progresar, paso a paso, en el camino de la escritura. Pero, ¿cómo desarrollas esta consistencia? ¿Cómo te mantienes motivado y enfocado en tus objetivos de escritura a largo plazo?

Vamos a explorar estas preguntas, y te garantizo que al final de este capítulo tendrás una visión clara de cómo mantener viva la inspiración y fomentar la consistencia en tu carrera de autor.

Al abordar estas cuestiones, primero, recordemos las palabras del famoso escritor estadounidense William Faulkner, quien dijo: "No sé nada de inspiración porque nunca la he tenido y nunca la extraño" (Entrevista a The Paris Review, 1956). Es un punto de vista interesante, ¿no te parece? Faulkner plantea la idea de que la inspiración no es algo que llega de repente, sino que es el resultado de un trabajo constante.

Y ahí radica la clave, la fusión perfecta entre inspiración y consistencia. A medida que te comprometes a escribir regularmente, que mantienes la constancia, la inspiración brota. Se alimenta de tu disciplina, de tus esfuerzos diarios para dar forma a tus ideas, y florece en historias y personajes fascinantes.

¿Cómo suena eso? ¿Estás listo para adentrarte en el maravilloso mundo de la inspiración y la consistencia en la escritura? ¡Vamos a ello!

Sigamos, entonces, adentrándonos en la inspiración, ese elusivo fenómeno que parecería surgir de la nada y sin embargo se manifiesta con una fuerza poderosa. ¿Cómo puedes invocar la inspiración a voluntad? ¿Cómo puedes fomentarla y hacer que sea tu fiel compañera en el viaje de la escritura?

Primero, recordemos las palabras de la famosa autora británica J.K. Rowling. En una entrevista con The Guardian en 2012, ella mencionó que la idea para Harry Potter "simplemente cayó en su cabeza" durante un viaje en tren. Ahora bien, ese viaje en tren fue simplemente el detonante. El universo mágico que creó a partir de esa idea inicial fue fruto de años de trabajo consistente. Esa es la lección que podemos aprender de Rowling: la inspiración puede surgir en cualquier momento, pero para desarrollarla y hacerla florecer, se necesita trabajo y consistencia.

Tal vez estés pensando: "Pero yo no soy J.K. Rowling. ¿Cómo puedo encontrar mi propia inspiración?" Y aquí está mi respuesta: La inspiración puede venir de cualquier lugar. Puede surgir de una conversación casual, de un sueño, de un libro que leíste, de una película que viste, de un evento que viviste. Pero aquí está el truco: tienes que estar dispuesto a verla, a recibirla. Abre tu mente y tu corazón a las ideas, las posibilidades. ¿Recuerdas cuando hablamos sobre encontrar tu voz única en el Capítulo 3? Es un proceso similar. Debes abrirte a la experiencia, dejar que las ideas fluyan y luego trabajar con ellas.

Por otro lado, la consistencia se trata de compromiso y disciplina. El escritor y conferencista estadounidense Zig Ziglar dijo una vez: "La gente a menudo dice que la motivación no dura. Bueno, tampoco lo hace bañarse, por eso lo recomendamos diariamente". La consistencia es lo que te permite seguir trabajando, día tras día, en tu libro, sin importar lo que suceda a tu alrededor. Es lo que te permite terminar un proyecto incluso cuando la inspiración parece haberse ido.

Y, ¿sabes qué? Encontrarás que cuanto más consistente seas en tu trabajo, más fácilmente vendrá la inspiración. Como dijo el famoso novelista Somerset Maugham: "Espero la inspiración con regularidad, todos los días a las nueve de la mañana". ¿Por qué no tratas de hacer lo mismo? Dedica un tiempo específico cada día para escribir, aunque no sientas la inspiración. Verás que, con el tiempo, la inspiración vendrá a ti durante esas horas reservadas para escribir.

Así que, querido amigo, empieza a ver la inspiración y la consistencia no como elementos separados, sino como dos caras de la misma moneda. Ambos son esenciales para tu éxito como autor. Y ambos pueden ser cultivados y fortalecidos con la práctica y la paciencia. ¿Estás listo para dar el siguiente paso en tu viaje de escritura? Porque hay mucho más por descubrir.

Si bien hemos establecido que la inspiración y la consistencia son dos caras de la misma moneda, es importante detallar más cómo puedes fomentar estas cualidades esenciales en tu vida de escritor.

Empezaremos por un concepto que podría parecer un poco contradictorio: la inspiración estructurada. Suena raro, ¿verdad? ¿Cómo puedes estructurar algo tan efímero y esquivo como la inspiración? Bueno, recuerda lo que dijimos sobre Somerset Maugham. Él esperaba la inspiración con regularidad, todos los días a las nueve de la mañana. Ahí está la estructura. ¿Y sabes qué? Esa estructura puede ser exactamente lo que necesitas para invocar la inspiración a voluntad.

Piensa en tu rutina diaria. ¿Hay algún momento del día en que te sientas más creativo? Tal vez sea por la mañana, justo después de despertar. O tal vez sea por la noche, cuando el mundo se calma y puedes concentrarte completamente en tu escritura. Sea cual sea ese momento, hazlo tu "momento de inspiración". Dedica ese tiempo específicamente a la escritura, todos los días. No permitas distracciones. No importa si estás "inspirado" o no. Solo escribe.

Ahora, podrías preguntarte: "¿Y si no tengo nada que escribir? ¿Y si la inspiración no viene?" Ahí es donde entra la consistencia. Recuerda lo que dijo Zig Ziglar sobre la motivación y el baño. La consistencia es lo que te mantiene escribiendo, incluso cuando la inspiración parece haberse ido.

Un gran ejemplo de esto es el autor de bestsellers Stephen King. En su libro "On Writing" (2000), King menciona que escribe todos los días, sin excepción. No importa si está enfermo, si está de vacaciones, o si simplemente no tiene ganas de escribir. Él escribe. Todos los días. Esa es su regla.

¿Puedes ver cómo la inspiración y la consistencia se entrelazan? La inspiración estructurada te ayuda a invocar la inspiración a voluntad, mientras que la consistencia te mantiene escribiendo, incluso cuando la inspiración parece haberse ido.

Y hay algo más, querido lector. Algo que, espero, te dé un poco de confort y confianza. Todos los autores, incluso los más exitosos, luchan con la inspiración y la consistencia. Todos tienen días en que la inspiración parece inalcanzable, y días en que la idea de sentarse a escribir parece insoportable. Pero siguen adelante. Continúan. Porque saben que la inspiración y la consistencia son las claves del éxito en la escritura.

Así que, mientras continúas tu viaje como autor, recuerda siempre cultivar la inspiración y la consistencia. Encuentra tu "momento de inspiración", sé constante en tu escritura, y no te desesperes cuando las cosas se pongan difíciles. Porque, como dice un viejo proverbio: "El agua corta la roca, no por su fuerza, sino por su persistencia".

Muy bien, amigo mío, hemos llegado a las aguas profundas de la jornada del escritor. Aquí, en la intersección de la inspiración y la consistencia, es donde se encuentran las verdaderas pruebas y tribulaciones del autor. Pero también es donde se encuentran las mayores recompensas.

Volviendo a Stephen King y su regla de escribir todos los días, hay una segunda parte en esa regla que quizá sea aún más importante. King se impone una meta diaria de 2,000 palabras. Algunos días, llega a esa cifra en unas pocas horas. Otros días, le lleva todo el día. Pero no se detiene hasta que ha alcanzado su meta. Eso es consistencia en acción, querido lector. Esa es la dedicación y el compromiso que puede convertir un sueño de escritura en una carrera de escritura.

¿Y qué pasa con la inspiración? Bueno, recuerda lo que dijimos sobre la inspiración estructurada. A veces, simplemente sentarte y empezar a escribir puede ser suficiente para invocar la inspiración. Como dijo el novelista Peter De Vries: "Yo escribo cuando estoy inspirado, y veo a que llegue la inspiración todos los días a las nueve de la mañana".

¿Has notado el tema recurrente aquí? La inspiración y la consistencia, aunque parecen conceptos distintos, están inextricablemente vinculados. Uno alimenta al otro, y ambos son esenciales para el éxito en la escritura.

Ah, querido lector, ¿te das cuenta de que hemos llegado al final de este viaje juntos? Siento una punzada de tristeza al pensar en ello. Pero al mismo tiempo, también siento una gran alegría. Ha sido un verdadero placer ser tu guía en esta exploración de la autoedición con KDP.

Tal vez, a lo largo de nuestra travesía, hayas tenido momentos de duda. Momentos en que te has preguntado si tienes lo que se necesita para ser un escritor de éxito. Quiero que sepas algo: esa duda es normal. De hecho, es buena. Significa que te importa. Significa que te estás tomando en serio tu sueño de escritura.

Si no te importara, no tendrías dudas. Simplemente te encogerías de hombros y seguirías adelante. Pero tú no. Tú te preocupas. Y eso, amigo mío, es lo que te distingue.

Así que, mientras cerramos este libro juntos, quiero expresarte mi más sincero agradecimiento. Gracias por venir conmigo en este viaje. Gracias por tu tiempo, tu atención, y, sobre todo, tu pasión por la escritura. Ha sido un honor compartir este camino contigo.

Y ahora, mientras nos despedimos, te deseo lo mejor. Que encuentres la inspiración cuando la necesites. Que la consistencia sea tu faro en los días difíciles. Y, sobre todo, que encuentres alegría en cada palabra que escribas.

Adiós, querido lector. Te deseo buen viento y buena mar en tu viaje de escritura. No olvides que la historia que tienes que contar es importante, y el mundo está esperando para escucharla. Nunca dejes de escribir.

Despedida: Un Último Consejo: El Camino del Escritor es un Viaje, No un Destino

Ha sido un viaje increíble, ¿verdad? Desde la exploración inicial de la autoedición y el desmantelamiento de los mitos que la rodean, hasta el desarrollo de tu propia voz única y la estructuración de tus ideas, hemos navegado juntos por cada etapa del proceso de escritura.

A lo largo de este viaje, hemos tratado de plasmar tus pensamientos en palabras, hemos abordado el arte de la redacción y la edición, y te hemos mostrado cómo vestir tu obra para el éxito mediante el formato y el diseño de tu libro. Hemos hablado de la importancia de una portada perfecta, de elegir títulos atractivos y de crear descripciones seductoras.

Hemos explorado el poder de las palabras clave y la importancia de construir tu identidad de autor. Te hemos mostrado cómo utilizar las herramientas de KDP a tu favor y te hemos llevado a través de un paso a paso detallado para publicar tu primer libro en KDP.

Hemos discutido sobre precios y royalties, la publicación multiformato, y cómo lanzar tu libro con éxito. Te hemos proporcionado estrategias para conectar con tus lectores y generar reseñas positivas. Hemos hablado de la importancia del marketing de contenido y te hemos proporcionado estrategias de promoción efectivas.

En última instancia, hemos subrayado la importancia de tratar tus libros como un negocio y mantener la mentalidad correcta. Te hemos mostrado algunos de los errores comunes que puedes encontrar en el camino y cómo evitarlos.

Ahora que hemos llegado al final de nuestro viaje juntos, quiero dejarte con este último pensamiento: El camino del escritor es un viaje, no un destino. Cada libro que escribes es solo un paso en el camino. Cada historia que cuentas es solo una parte de tu viaje.

Y como todos los viajes, este también tendrá sus altibajos. Habrá días de inspiración y días de frustración. Pero recuerda, cada paso que das es un paso hacia adelante. Cada palabra que escribes es una palabra más en tu viaje.

Así que, ¿cuáles son tus próximos pasos? Quizás podrías explorar géneros o estilos de escritura diferentes. Quizás podrías probar a co-escribir un libro con otro autor o explorar oportunidades de publicación en otras plataformas.

Sea lo que sea lo que decidas hacer, recuerda siempre que el camino del escritor es un viaje, no un destino. Y ese viaje es tuyo para que lo hagas como tú quieras.

Mi querido lector, este es el final de nuestro viaje juntos, pero solo es el comienzo de tu viaje como escritor. Te deseo todo el éxito del mundo en tu viaje. Recuerda siempre, el camino del escritor es un viaje, no un destino.

Con todo mi amor, y deseándote lo mejor,

Antonio Jaimez.

Un último favor

Estimado/a

Espero que hayas disfrutado de la lectura de mi libro. Me gustaría agradecerte por tomarte el tiempo de leerlo y espero que hayas encontrado valor en su contenido. Me dirijo a ti hoy para hacerte una petición muy importante.

Como autor independiente, las reseñas son extremadamente valiosas para mí. No solo me ayudan a obtener retroalimentación valiosa sobre mi trabajo, sino que también pueden influir en la decisión de otros lectores de comprar el libro. Si pudieras tomar unos minutos para dejar una reseña honesta en Amazon, sería de gran ayuda para mí.

De nuevo, te agradezco por tomarte el tiempo de leer mi libro y por considerar mi petición de reseña. Tu opinión y apoyo significan mucho para mí como autor independiente.

También puedes encontrar más libros sobre esta temática desde mi página de autor en Amazon.

https://www.amazon.es/~/e/B0C4TS75MD

También puedes visitar mi sitio web www.libreriaonlinemax.com donde encontrarás todo tipo de hipnosis explicadas al detalle, hipnoterapias, recursos gratis y cursos de nivel experto. También puedes usar el siguiente código QR:

Saludos cordiales,

Antonio Jaimez

Made in the USA
Columbia, SC
22 March 2025